外国人のための

ケーススタディで学ぶ
ビジネス日本語

中 級

千駄ヶ谷日本語教育研究所 著

スリーエーネットワーク

Published by 3A Corporation.
Trusty Kojimachi Bldg., 2F, 4, Kojimachi 3-Chome, Chiyoda-ku, Tokyo 102-0083, Japan

ISBN978-4-88319-853-5 C0081

First published 2020
Printed in Japan

はじめに

　社会におけるボーダーレス化はますます進展し、ビジネス社会においても民族や国境を越えたダイバーシティ経営により、人的交流がますます広がりを見せています。日本企業のグローバル化は以前から展開されておりますが、日本国内の少子高齢化と労働力人口の減少は外国人産業人材の受け入れに一層の拍車をかけています。こうした中、令和元年（2019 年）からは単純労働を含む仕事に就けるように制度改革がなされ、在留資格「特定技能」がスタートしました。また、日本の大学や大学院を卒業、修了した留学生が、従来は認められていなかったサービス業等に従事する、在留資格「特定活動 46 号」の扱いも始まりました。しかし、その一方で、採用された外国人社員の日本語能力がビジネス水準に達していなかったり、採用された企業にうまくなじめなかったりして、採用された企業でその能力を十分に発揮できず、評価も芳しくないという不幸な現象が散見されているのも事実です。

　日本国内外の日本企業や海外の日系企業で働く外国人社員が、周りの日本人と円滑にコミュニケーションを取り、スムーズに業務を遂行していくためには、ビジネス日本語の習得だけでなく、日本人の考え方や日本企業におけるビジネス慣習についてきちんと理解した上で、職務遂行に必要なハードスキルと、円滑な人間関係のために必要なソフトスキルを効果的に駆使していくことが必要になります。

　そこで、このテキストでは、課ごとにテーマを定め、外国人材が採用先で遭遇しやすい事象をもとにした、ビジネス文化を説明した文章やケーススタディ、ディスカッションを通して、読解力を伸ばすだけでなく、日本のビジネス文化についての理解を深め、その上で、そのテーマに関する実践的なコミュニケーション能力が身につく教材を目指しました。

　これから日本企業等で働きたいと思っている海外の大学生や日本国内の留学生をはじめ、現在働いている方にも是非このテキストを役立てていただき、ビジネスの現場で通用する実践的なビジネス日本語コミュニケーション能力を着実に身につけて、自信を持って活躍されることを心から期待しています。

　作成にあたっては、スリーエーネットワークの佐野智子さん、溝口さやかさんに多くの御助言と御尽力をいただきました。心より謝意を表します。

令和 2（2020）年 9 月

千駄ヶ谷日本語教育研究所

目次

本書をお使いになる方へ

　本書は、日本企業や日系企業に勤務することを希望する方、あるいはそうした企業と取引関係にある企業に勤務することを希望する方を対象としています。日本語を学習しながら、日本社会や日本の一般的な企業文化、ビジネス習慣などにも慣れ親しんでいき、日本企業などに勤務するときに持っていたほうがいい予備知識を自然に習得できるよう作成しました。

▶ 対象レベル

以下の日本語レベルの方

日本語学習初級・初中級修了レベル

日本語教育の参照枠・欧州言語共通参照枠（CEFR）B1 レベル程度

標準ビジネス日本語テスト（STBJ）BJ3 レベル以上

日本語能力試験（JLPT）N3 レベル以上

▶ 目標

ビジネス場面における実践的なコミュニケーション能力を高める。

社会言語能力

・ビジネス場面において、通常よく使われる表現を使って、相手や状況に合わせ、伝えたいことを表現することができる。

異文化理解

・日本の文化と自身の文化との間の習慣や言葉遣い、態度、価値観の違いについて理解し、それに配慮して行動することができる。

理解すること

■聞くこと

・日常よく話題になる業務の内容についてのビジネス会話が、比較的ゆっくりした、明瞭な話し方であれば理解できる。

■読むこと

・日常の業務内容に関連する文章について、その要点が理解できる。

・日常の業務内容についての文章について、事実の部分と個人的な意見・感想の部分を読み分け、理解できる。

話すこと

■やりとり

・社内の日常のビジネス場面において、準備なしに会話を始めることができ、ある程度誤解なく談話を続けることができる。

・対外的なビジネス場面において、日常的で複雑ではない内容であるなら、対処することができる。

■談話構成

・ビジネス場面においてよくある話題や状況について、お互いに心理的な負担を感じない形で発言を始め、続け、終わらせることができる。

■表現

・一般的なビジネス場面で用いられる基本的な語句・文型・ビジネス用語を理解し、適切に用いることができる。

▶ 教材の構成

・本冊

・別冊　語彙リスト（課順）、解答例（練習しよう1・2、やってみよう）

　　　　※語彙リストについて　N3レベル以上の語の中から、理解や練習に必要となる語を載せました。

・web　音声（読解・会話）、語彙リスト（五十音順）、表現リスト（読解・会話）、授業のヒント

　　　　※https://www.3anet.co.jp/np/books/4030/ よりご利用ください。

▶ 課構成

　　各課において取り上げるテーマに関連する読解を通じた「ケーススタディ」を軸とする「読解」編と、実践的コミュニケーション能力の習熟を図る「会話」編に分かれています。

はじめに

　　課で学習する内容を示します。

読解

　　課のテーマに関する文章です。新入社員が出会う具体的なケース（場面）でビジネス日本語の背景にある文化的側面に触れ、読解力を伸ばすとともに、ビジネス文化・知識も吸収できます。

■ 考えてみよう

文章の要点を理解できたかどうか確認します。

■ ケーススタディ

具体的なビジネス場面が挙げてあります。どのような場面で何が問題になっているか把握し、様々なケースを想定して自分の意見をまとめてみましょう。そして、周りの人と話し合いましょう。

■ 読解の表現

文章に出ている表現・副詞・接続詞などを説明してあります。ビジネス場面でよく使われるので、理解し運用できるようにしてください。

会話

課のテーマのビジネス場面でよく交わされる会話例です。

■ 会話の流れ

会話例を見ながら会話の流れを理解します。

■ ポイント

課のテーマの会話をするときに気を付けることを示します。

■ 会話の表現

課のテーマの会話をするときに使用する表現について理解してください。

■ 練習しよう1

会話で使用する表現について滑らかに言えるまで練習してください。

■ 練習しよう2

複数の表現を組み合わせたり、長い会話を練習したりする内容になっています。滑らかに言えるまで練習してください。

■ ロールプレイ

より実践的なコミュニケーション能力を身に付けるための練習です。

・まず、ロールカードに提示されている状況を見て、「会話の流れ」に沿った会話を組み立てます。「会話の表現」で学んだ表現を適切に使って会話をしてください。

・ロールカードは、二人（場合によっては三人）で練習することを基本としています。相手のカードは見ないで、自分の役割のカードだけを見てください。状況に合った会話が臨機応変に組み立てられるよう練習してください。

・各課に三つずつロールプレイがあります。三つ目のロールプレイ「チャレンジ」は応

用的な内容です。

> **まとめ**

■できるようになりましたか。

この課で学んでほしい内容を表す Can do statements（「○○できる」という形で能力を説明する文）が挙げてあります。学んだ内容を確認しましょう。

■ポイント

この課のテーマの重要なポイントがまとめてあります。課の学習が終わった後もこの「ポイント」を見て復習しましょう。

■もっと考えてみよう 〈ケーススタディ〉

課の内容を発展させた具体的なビジネス場面が挙げてあります。課を学んだ後で改めて自分の意見をまとめ、周囲の人と話し合ってみてください。

▶ **学習時間**

標準的な学習時間としては 150 コマ程度（1 コマは 45 分）

各課 「はじめに」と「読解」編……6 コマ

「会話」編と「まとめ」 ……6 コマ

▶ **ふりがな**

N3 相当以上の漢字を含む語全てにふりがなを付けました。

(9)

To Those Using This Textbook

This textbook is intended for those who wish to work in a Japanese business or Japanese company active overseas, or else for those who wish to conduct business transactions with a Japanese company. It is made so that one can become familiar with Japanese society and the general business culture and business practices of Japan, and can naturally acquire a knowledge base that will be necessary when working for a Japanese company, while learning the Japanese language.

▶ Target Level

Those currently holding the following Japanese language levels:

> Those who have complete basic or pre-intermediate level Japanese language skills.
>
> Framework of Reference for Japanese Language Education/
>
> Common European Framework of Reference for Languages (CEFR) B1 level.
>
> Standard Test for Business Japanese (STBJ) BJ3 level and above.
>
> Japanese Language Proficiency Test (JLPT) N3 level and above.

▶ Aim

Improve practical communication skills that will be needed in a business setting.

Sociolinguistic Competence

- Can communicate your intentions in a business setting, using commonly used expressions, while aligning them to the situation and the other person to whom you are speaking.

Cross-cultural Understanding

- Can understand the differences between Japanese culture and your own, including customs, language, demeanor and sense of values, and respond with consideration.

Understanding (Input)

■ Listening

- Can understand business conversations about the contents of work conducted on a daily basis, when said using a comparatively slow and clear way of speaking.

■ Reading

- Can understand the main points of a written text related to daily work.
- Can differentiate and understand which parts of a written text regarding the contents of daily work are factual and which are personal opinions/reactions.

Speaking (Output)

■ Conversation

- Can converse without preparation in a normal, internal business setting, and be able to continue speaking without causing a misunderstanding to a certain degree.
- Can respond in an external business setting, provided the content is not more complicated than daily language.

■ Composing Dialogue

　・Can begin, continue, and conclude a statement about a common topic or situation in a business setting, in a form that does not cause a mental burden to each other.

■ Expressions

　・Can understand basic words, sentence patterns and business terminology that are used in a general business setting, and appropriately use them yourself.

▶ Study Material Components

・A main textbook (this book).

・A separate book containing the vocabulary list (lesson order), set answers (Let's Practice 1/2, Let's try).

　※About the vocabulary list　　This lists words that are necessary for understanding and practicing, from N3 level vocabulary and above.

・Web based audio (texts from the Reading Comprehension section/dialogue from the Speaking section), vocabulary list (syllable order), list of expressions (Reading Comprehension, Speaking). lesson hints.

　※Please access https://www.3anet.co.jp/np/books/4030/.

▶ Lesson Structure

　Each lesson is divided into a "Reading Comprehension" section, which centers on a "Case Study" related to the theme of the lesson, and a "Speaking" section, which you can use to work on improving your practical communication ability proficiency.

Opening

Indicates the contents of the lesson you will learn.

Reading Comprehension

Text related to the theme of the lesson. You can experience the cultural profile that is the background of the business Japanese that new employees meet in specific cases (settings). In addition to expanding your reading ability, you can absorb business culture and knowledge.

■ Let's Think About It

Confirm if you have understood the main points of the text or not.

■ Case Study

Contains a specific business setting. Try to understand what the problem is in what setting and put together your opinion based on each case. And then talk to the people around you.

■ Expressions from the Reading Comprehension

An explanation of the expressions, adverbs, conjunctions etc. that appeared in the text. They will often come up in business settings, so try to understand and use them.

Speaking

Conversation examples that often take place in a business setting based on the theme of the lesson.

■ Flow of the Conversation

Understand the flow of the conversation while looking at the example.

■ Point

Indicates the points to be careful of when having a conversation based on the theme of the lesson.

■ Expressions from the Conversation

Understand the expressions used when having a conversation based on the theme of the lesson.

■ Let's Practice 1

Practice the expressions used in the conversation until you can smoothly say them.

■ Let's Practice 2

The contents are made to combine multiple expressions and practice longer conversations. Practice them until you can smoothly say them.

■ Role Play

Exercises to provide you with more practical communication ability.

・First, look at the situation written on the role card, and compose a conversation based on the "Flow of the Conversation." Appropriately use the expressions you have learned from the "Expressions from the Conversation" section.

・The role cards are designed for 2 people (sometimes 3) to practice together. Do not look at the other person's card, just at the role written on your own. Practice speaking by constructing conversations that are adapted to the situation.

・Each lesson will have 3 role plays. The third role play, "Challenge," contains practical contents.

Overview

■ Can You Do It Now?

Contains "Can Do Statements" (sentences that explain your ability using ○○できる) that indicate the contents you should have learned in this lesson. Confirm the contents you have learned.

■ Points

Compiles the main points of the theme of the lesson. Even after you have finished the lesson, look at these points and review the content.

■ Think about it Some More 〈Case Studies〉

Contains specific business settings that expand on the contents of the lesson. After you have learned the content of the lesson, put together your opinion again, and try talking to the people around you.

▶ Study Time

The standard study time is approximately 150 classes worth (one class should take 45 minutes each).

Each lesson – "Opening" and "Reading Comprehension" section = 6 classes

　　　　　　　　 "Speaking" section and "Overview"　　　　　　 = 6 classes

▶ Furigana

All words that include kanji that are above N3 level have the furigana (kanji reading) attached.

致本书使用者

本书适用于希望在日本企业、日系企业以及与这些企业有贸易关系的企业工作的人。本书的编辑是为了使用者能够在学习日语的同时，熟悉日本社会，了解日本的一般企业文化、商业习俗等，从而自然地获得在日本企业等工作时所应掌握的基本知识。

▶ **适用对象水平**

具有以下日语水平的人：

学完初级日语以及初中级日语的水平

日语教育参考框架、欧洲语言共同参考框架（CEFR）B1 水平程度

标准商务日语考试（STBJ）BJ3 以上水平

日语能力考试（JLPT）N3 以上水平

▶ **目标**

提高在商务场合中的实际交流能力。

社会语言能力

· 可以在商务场合，使用常用的表达方式，根据对象和情况表达自己想要传达的内容。

对异文化的了解

· 了解日本文化与本国文化在风俗习惯、语言措词、态度以及价值观方面的差异，并可以在此基础上采取与此相应的行动。

理解

■听

· 关于经常谈及的业务方面的商务对话，只要讲得不太快而且清晰就可以听懂。

■读

· 看与日常业务相关的文章时，可以理解其要点。

· 看涉及日常业务内容的文章时，可以把事实部分和个人意见及感想部分区分开来加以理解。

说

■交谈

· 在公司内部日常业务的场合，可以不做准备就开始交谈，并能够把对话持续一段时间而并不产生太大的误解。

· 在对外的商务场合，可以处理一些日常的、不太复杂的业务。

■ 交谈结构

・可以就商务场合经常谈及的话题、状况，以相互都不会感到心理负担的形式，从头至尾地阐述自己的意见。

■ 表达

・可以理解并恰当地使用一般商务场合中使用的基本语句、句型模式和商务用语。

▶ 教材构成

・本册

・别册　　词汇表（按课文顺序排列）、解答例（练习 1、2，试一试）

　　　　※ 关于词汇表　　收载有从 N3 水平以上词汇中选出的理解、练习所需词汇。

・web　　语音（读解课文、对话）、词汇表（按五十音表顺序排列）、表达方式表（读解、对话）、课堂提示　　※请访问 https://www.3anet.co.jp/np/books/4030/ 使用。

▶ 各课构成

各课均分为"读解"和"对话"两个部分。其中与各课主题相关的"读解"部分以"案例研究"为主轴贯穿而成。"对话"部分则注重于实际交流能力的培养。

　开头部分

提示将在本课学习的内容。

　读解

这是与各课主题相关的文章。在所设新员工会遇到的各种具体场合，不仅可以接触商务日语背景中所存在的文化方面，提高读解能力，与此同时还可以吸收商务文化和相关知识。

■ 想一想

确认自己对文章的要点是否已经理解了。

■ 案例研究

列举有具体的商务场面。首先了解在什么样的场合，出了什么问题，然后设想各种各样的案例，归纳一下自己的意见。并和周围的人交换一下意见。

■ 读解表达

对文章里出现的表达以及副词、接续词等加以说明。因为是在商务场合常用的，所以需要能够理解并运用。

　对话

在作为各课主题的商务场合经常进行的对话例文。

■ 对话流程

看对话例，了解对话的流程。

■要点

提示有进行本课主题对话时需要加以注意的地方。

■对话表达

理解在进行本课主题对话时使用的表达。

■练习 1

反复练习在对话中使用的表达，直到能够说得流利为止。

■练习 2

这是将几个表达组合在一起，或者进行较长对话的练习。反复练习，直到能够说得流利为止。

■角色扮演

这是为了掌握更为实践性的交流能力而设置的练习。

· 首先查看角色扮演卡中所提示的情况，然后按照"对话流程"来组织对话。注意要正确地使用在"对话表达"中学到的表达进行对话。

· 角色扮演卡基本上是由 2 个人（有些情况也会是 3 个人）一起来练习的。只看自己的角色扮演卡，不要看对方的。练习可以根据情况，随机应变地进行对话

· 各课分别有 3 个角色扮演。第 3 个角色扮演"挑战"的内容是面向实际应用的。

归纳

■是否已经学会了？

列有显示希望在本课所学内容的 Can do statements（以「○○できる」的形式，对能力加以说明的句子）。来确认一下自己学到的内容吧。

■要点

归纳有本课主题的要点。即使在本课的学习结束后，让我们也看着这些"要点"来进行复习吧。

■再想一想〈案例研究〉

列举有根据本课内容展开的具体的商务场面。在本课学完后，重新归纳一下自己的意见，试着和周围的人说一说。

▶ 学习时间

作为标准的学习时间约为 150 个课时左右（1 个课时为 45 分钟）

各课 "开头部分"与"读解"篇……6 个课时

"对话"篇与"归纳" ……6 个课时

▶ 注音假名

包含有相当于 N3 水平以上汉字的单词均标有注音假名。

Gửi đến người dùng cuốn sách này

Cuốn sách này dành cho những người có nguyện vọng làm việc cho xí nghiệp Nhật Bản, xí nghiệp liên quan đến Nhật Bản, hoặc cho các xí nghiệp có nguyện vọng làm việc với xí nghiệp Nhật Bản. Chúng tôi đã biên soạn cuốn sách này để bổ sung những kiến thức mà bạn nên có khi làm việc tại xí nghiệp Nhật Bản, vừa học tiếng Nhật, vừa làm quen được với tác phong trong kinh doanh, văn hóa thông thường trong xí nghiệp và xã hội Nhật Bản.

▶ Trình độ đối tượng

Những người có trình độ tiếng Nhật dưới đây

Hoàn thành xong trình độ tiếng Nhật sơ cấp và sơ trung cấp

Trình độ tương đương B1 Khung tham chiếu về dạy và học Tiếng Nhật/Khung tham chiếu chung châu Âu về ngôn ngữ (CEFR)

Trình độ tiếng Nhật business tiêu chuẩn trên BJ3(STBJ)

Trình độ kì thi năng lực tiếng nhật trên N3 (JLPT)

▶ Mục tiêu

Nâng cao khả năng giao tiếp mang tính thực tiễn trong doanh nghiệp.

Năng lực giao tiếp xã hội

· Có thể truyền đạt những gì bạn muốn bằng cách sử dụng những từ ngữ thường được sử dụng, phù hợp với đối tượng và hoàn cảnh trong doanh nghiệp.

Lý giải sự khác nhau về văn hóa

· Hiểu được sự khác nhau về quan điểm, thái độ, sự khác nhau về từ ngữ, thói quen trong văn hóa của mình và Nhật Bản, từ đó có thể hành động quan tâm đến những việc như vậy.

Lý giải

■ Nghe

· Trong cuộc hội thoại có nội dung liên quan đến công việc thường ngày, nếu dùng cách nói tương đối chậm, rõ ràng thì dễ hiểu hơn.

■ Đọc

· Hiểu được điểm quan trọng trong văn bản liên quan đến nội dung công việc thường ngày.

· Hiểu và phân biệt được cảm nghĩ, ý kiến cá nhân với thực tế trong văn bản liên quan đến nội dung công việc thường ngày.

Nói

■ Trao đổi

· Có thể bắt đầu cuộc hội thoại mà không cần chuẩn bị, có thể đàm thoại mà không bị hiểu nhầm ở mức độ nào đó trong bối cảnh business hằng ngày ở trong công ty.

· Có thể xử lý nếu như là nội dung thường ngày, không phức tạp đối với người ngoài công ty.

■ Cấu trúc buổi nói chuyện

・Trong hoàn cảnh và chủ đề business thường gặp, có thể bắt đầu, tiếp tục, kết thúc được phát biểu bằng hình thức mà cả hai bên đều không cảm thấy có gánh nặng về tâm lý.

■ Diễn đạt

・Có thể hiểu được những từ ngữ chuyên về doanh nghiệp, mẫu câu, cụm từ cơ bản được dùng trong bối cảnh business thường ngày, có thể sử dụng nó một cách thích hợp.

▶ Cấu trúc sách

・Cuốn sách chính

・Cuốn sách phụ   danh sách từ vựng(mục thứ tự), trả lời ví dụ(luyện tập 1・2, làm thử)

※Về danh sách từ vựng   Trong những từ ở trình độ N3 trở lên, chúng tôi liệt kê những từ cần thiết cho việc luyện tập hay lý giải.

・web   âm thanh (đọc hiểu văn bản・hội thoại), danh sách từ vựng(sắp xếp theo bảng chữ cái tiếng Nhật), danh sách diễn đạt (đọc hiểu, hội thoại), gợi ý tiết học

※Hãy kết nối với trang web https://www.3anet.co.jp/np/books/4030/.

▶ Cấu trúc bài

Được chia làm hai phần "đọc hiểu" và "hội thoại". Lấy những nghiên cứu điển hình của từng hoàn cảnh thông qua bài "đọc hiểu" liên quan đến tiêu đề của các bài làm trọng điểm, phần "hội thoại" nhằm mục đích xây dựng thành thạo năng lực giao tiếp thực tiễn.

Mở đầu

Chỉ ra nội dung học bằng các bài.

Đọc hiểu

Là văn bản liên quan đến tiêu đề của bài. Tiếp xúc với văn hóa có trong bối cảnh tiếng Nhật business bằng hoàn cảnh cụ thể mà nhân viên mới sẽ gặp phải, thông qua đó vừa nâng cao khả năng đọc hiểu, vừa tiếp thu được kiến thức, văn hóa trong business.

■ Cùng suy nghĩ

Kiểm tra xem đã hiểu được điểm quan trọng của văn bản hay chưa.

■ Nghiên cứu cụ thể

Có đưa ra những bối cảnh business cụ thể. Nắm bắt được trong hoàn cảnh nào thì có những vấn đề gì, hãy đặt mình vào trong từng hoàn cảnh và đưa ra ý kiến của bản thân. Sau đó cùng nói chuyện với người xung quanh.

■ Cách diễn đạt trong đọc hiểu

Có giải thích những từ miêu tả, liên từ, phó từ, v.v.v.... xuất hiện trong bài văn. Vì nó thường được sử dụng trong business nên hãy cố gắng hiểu và vận dụng.

Hội thoại

Là những ví dụ hội thoại thường được xen lẫn trong bối cảnh business của đề bài.

■ Thứ tự hội thoại

Xem ví dụ hội thoại và hiểu được thứ tự.

■ Point

Khi hội thoại về tiêu đề của bài, chỉ ra điểm lưu ý.

■ Diễn đạt hội thoại

Lý giải cách diễn đạt được sử dụng khi hội thoại về tiêu đề của bài.

■ Luyện tập 1

Luyện tập cho đến khi có thể nói một cách trôi chảy những cách diễn đạt trong hội thoại.

■ Luyện tập 2

Nội dung bao gồm luyện tập đoạn hội thoại dài, sử dụng cùng lúc nhiều cách diễn đạt. Hãy luyện tập cho đến khi nói trôi chảy.

■ Role play

Đây là trò chơi rèn luyện để có khả năng giao tiếp thực tiễn.

· Trước tiên quan sát hoàn cảnh được biểu thị trên thẻ role, xây dựng hội thoại dựa theo "thứ tự hội thoại". Sử dụng cách diễn đạt đã học trong "diễn đạt hội thoại" để hội thoại.

· Thẻ roll về cơ bản được dùng để luyện tập cho 2 người (tùy trường hợp sẽ có 3 người). Không được nhìn thẻ của đối phương, chỉ nhìn thẻ của mình. Hãy luyện tập sao cho có thể xây dựng cách tùy cơ ứng biến với trường hợp đó.

· Mỗi bài có 3 lần role play. Lần role play thứ 3 "thử thách" có nội dung mang tính ứng dụng.

Tổng kết

■ Đã có thể làm được chưa?

Can do statements (Câu văn giải thích khả năng "○○できる") diễn đạt nội dung muốn bạn học ở bài này. Kiểm tra lại những gì đã học.

■ Point

Những điểm quan trọng của đề bài được tổng kết ở đây. Mặc dù sau khi kết thúc bài học thì hãy xem lại "Point" và cùng nhau ôn tập lại.

■ Cùng suy nghĩ thêm 〈Nghiên cứu cụ thể〉

Có đưa ra những hoàn cảnh cụ thể được phát triển từ nội dung bài. Sau khi học xong bài, tổng hợp ý kiến của bản thân và trao đổi với mọi người xung quanh.

▶ Thời gian học

Thời gian học tiêu chuẩn khoảng 150 tiết (1 tiết 45 phút)

Các bài 「mở đầu」và「đọc hiểu」 ······ 6 tiết

「hội thoại」và「tổng hợp」······ 6 tiết

▶ Phiên âm

Tất cả từ ngữ bao gồm chữ hán trên trình độ N3 đều được phiên âm sang hiragana.

本書で学ぶ学習者の皆さんへ

　ビジネスで通用する日本語を無理なく無駄なく段階的に習得するために以下のことを念頭において学習してください。

1. 実践的なコミュニケーション能力を身に付けようという意識を持つこと！

　どうしてビジネス日本語を学ぶのでしょうか。ビジネスの場で周囲の人と円滑なコミュニケーションができれば、仕事がスムーズに進み、周囲との信頼関係が築かれます。その結果、仕事が正当に評価され、活躍の場も広がることでしょう。いくらあなたが知識や技能を持っていても、ビジネス社会で評価されるためには、実践的なコミュニケーション能力が必要です。

2. 自然な日本語の発音を身に付けること！

　自分が言いたいことを正確に伝えるためには正しい発音を身に付ける必要があります。音声教材を活用しましょう。まずは繰り返し聞いて耳を慣らし、アクセントやイントネーションに気を付けて、実際に声に出してまねるように練習してください。

3. 単語や表現をきちんと覚えること！

　どんな建物を建てるにも、まずは材料が必要です。単語や表現はその材料に当たります。単語や表現を知らなければ、簡単な会話もできません。課に出てくる単語や表現は、意味、使う場面、発音、書き方（ひらがな・カタカナ・漢字）全てをきちんと覚えていってください。語彙リストには、意味だけではなくアクセント記号も載せました。声に出して言ったりノートに書いたりして繰り返し練習して定着させていきましょう。

4. 日本語を使ったコミュニケーションを実践すること！

　たとえ単語・文型を覚えていたとしても、それが使えなければ自分が言いたいことは伝えられません。文型練習と同時に運用力を付けるための練習が必要です。運用力を付けるために、授業中や授業外でクラスメートなどと日本語を使ったコミュニケーションを実践しましょう。こうしたことの積み重ねが実践的な日本語能力の習得につながっていきます。

5. ビジネス文化・日本の習慣を理解すること！

　日本企業などで活躍するためには、日本企業のビジネスに対する考え方や仕事の進め方、背景にある日本の企業文化や習慣をよく理解することが大切です。そして、よく理解した上で、自分の中に新たな文化を生み出すような姿勢も求められます。「お互いに違和感を持つことなく、円滑にコミュニケーションができる」、これが重要です！

To All Those Using This Textbook To Study

In order to learn Japanese needed for business in a step-by-step manner without overexertion or waste, please keep the following in mind when studying.

1. Be aware of trying to take on practical communication abilities!

Why are you trying to learn business Japanese? If you can communicate smoothly with the people around you in a business setting, your work will progress smoothly, and you will build trust-based relationships with the people around you. As a result, your work will be justly praised, and you will succeed in a wider field. No matter how much knowledge and skills you have, practical communication abilities are necessary if you want to be acknowledged in business society.

2. Be aware of natural Japanese pronunciation!

It is necessary to have the correct pronunciation in order to accurately convey what you are trying to say. Use the audio study materials. First, listen to the audio repeatedly so that you get used to the sound, paying close attention to the accents and intonations. Then practice by repeating the audio out loud.

3. Properly learn the vocabulary and expressions!

No matter what kind of building you try to make, you first need materials. Vocabulary and expressions are those materials. If you do not know the vocabulary or the expressions, you cannot hold even a simple conversation. Properly learn the meaning, time to use, pronunciation, and written form (hiragana, katakana, kanji) of all the vocabulary and expressions in each lesson. The vocabulary list includes not only the meaning, but also the accent marks for each word. Fix them in your mind by repeatedly saying the words aloud or writing notes.

4. Communicate using Japanese!

Even if you learn the words and sentence structures, if you do not use them then you cannot communicate what you want to say. You need to practice not only sentence structure, but also your practical ability. In order to gain a practical ability, you should communicate with your classmates and others during the lesson and after using Japanese. Repeatedly doing this will lead to acquiring a practical Japanese ability.

5. Understand business culture and Japanese customs!

In order to do well in Japanese business, it is important to fully understand the Japanese way of thinking about business, the way Japanese businesses work, as well as the Japanese business culture and customs that are in the background. And after you have fully understood them, having a mindset to create a new culture yourself will also be expected. It is important "not to have any uncertainty between each other, and to be able to communicate smoothly."

致使用本书的各位学习者

为了轻松有效地逐步掌握一般通用的商务日语，请在学习时记住以下几点：

1. 要有掌握实际沟通能力的意识

为什么要学习商务日语呢？ 在商务场合，如果能和周围的人沟通顺畅，工作就可以顺利进展，与周围的人建立起相互信任的关系。其结果是，工作会得到恰当的评价，大展身手的舞台也会随之扩大。无论你有多少知识和技能，都需要有实际的沟通能力，才能在商业社会得到承认。

2. 要学会自然的日语发音

为了准确地表达自己想要说的事情，就需要掌握正确的发音。让我们充分地利用本教材的语音材料来进行练习吧。首先要反复听，让耳朵听习惯，并注意重音和声调，然后模仿着大声练习。

3. 要记住单词和表达

盖任何建筑，首先都需要材料。单词和表达就相当于这些材料。如果不知道单词和表达，连简单的对话也无法进行。要把各课出现的单词和表达的使用场合、发音和书写方法（平假名、片假名、汉字）全部记住。在词汇表中不仅标有词义，而且还标有重音符号。或读或写，反复练习，直到完全记住为止。

4. 要实践用日语来进行交流

即使记住了单词、句型，但如果不会用，那也无法把自己想要说的传达给对方。在句型练习的同时，还需要进行提高运用能力的练习。为了提高运用能力，让我们在课堂里和课堂外，练习和班里的同学等用日语来进行交流吧。这样的日积月累必定会逐渐地提高自己的实践日语能力。

5. 要了解商务文化和日本的风俗习惯

为了能活跃在日本企业等，非常重要的是，要充分地理解日本企业对商务活动的思考方法和工作的推进方式，以及其背景中的日本企业文化和风俗习惯等。这也要求你有一种姿态，那就是在充分理解这些的基础上，在自己的心中孕育出一种新的文化。"相互能够顺利地进行交流，而并不产生违和感"，这一点很重要。

Gửi đến những bạn học bằng cuốn sách này

Để không bị lãng phí và tiếp thu một cách chắc chắn vốn tiếng Nhật vận dụng trong business thì hãy ghi nhớ những điều sau.

1. Ý thức được mình đang và sẽ cần một khả năng giao tiếp thực tiễn!

Tại sao lại phải học tiếng Nhật business. Nếu có thể giao tiếp một cách viên mãn với mọi người trong business, thì công việc được tiến hành trôi chảy, xây dựng được mối quan hệ và sự tin tưởng với mọi người. Từ kết quả đó, sẽ được đánh giá công việc một cách hợp lí, sẽ cố gắng nhiều hơn. Mặc dù bạn có kiến thức và kỹ năng đi nữa nhưng để được đánh giá trong giới kinh doanh thì cần phải có năng lực giao tiếp thực tiễn.

2. Học được cách phát âm tiếng Nhật tự nhiên!

Để truyền đạt một cách chính xác điều bản thân muốn nói thì cần học cách phát âm chính xác. Hãy tận dụng những bài nghe. Trước tiên nghe lại nhiều lần để quen tai, sau đó chú ý giọng điệu, ngữ điệu và cố gắng luyện tập phát âm theo.

3. Ghi nhớ những từ vựng và cách diễn đạt!

Dẫu có xây tòa nhà như thế nào đi nữa thì đầu tiên cần có nguyên liệu. Từ vựng và cách diễn đạt là những nguyên liệu đó. Nếu không biết từ vựng và cách diễn đạt thì không thể bắt đầu những hội thoại đơn giản. Hãy ghi nhớ tất cả từ vựng và cách diễn đạt xuất hiện trong bài, ghi nhớ ý nghĩa, bối cảnh sử dụng, phát âm, cách viết (hiragana, katakana, hán tự). Trong danh sách từ vựng, không chỉ có ý nghĩa mà còn có các kí hiệu đánh dấu trọng âm. Hãy rèn luyện lặp đi lặp lại một cách vững chắc bằng cách viết ra vở hoặc phát âm.

4. Ứng dụng vào thực tế những giao tiếp bằng tiếng Nhật!

Giả sử có nhớ từ vựng và mẫu câu đi nữa nhưng nếu không biết cách sử dụng chúng thì cũng không truyền đạt được điều bản thân muốn nói. Cần rèn luyện để cải thiện khả năng vận dụng cùng lúc với rèn luyện mẫu câu. Để cải thiện khả năng vận dụng thì hãy sử dụng tiếng Nhật giao tiếp với bạn bè trong tiết học hoặc ngoài giờ học. Sự tích lũy của việc này sẽ dẫn đến việc tiếp thu khả năng tiếng Nhật trong thực tế.

5. Lí giải được thói quen Nhật Bản và văn hóa business Nhật Bản!

Để làm việc trong các xí nghiệp Nhật Bản thì việc hiểu rõ thói quen trong văn hóa xí nghiệp Nhật Bản, cách làm việc và cách suy nghĩ đối với bối cảnh xí nghiệp business Nhật Bản là rất quan trọng. Sau khi hiểu rõ về nó, cần có một tư thế giống như có một văn hóa mới trong chính mình. Có thể giao tiếp một cách suôn sẻ mà không cảm thấy khó chịu với nhau, điều này là quan trọng.

凡例　Explanatory Notes　凡例　Giải thích

1. 品詞の表記　Notation of part of speech　词类标注　Biểu thị từ loại

動詞：V　　い形容詞：A　　な形容詞：Na　　名詞：N

2. 接続する形　Connective form　接续形式　Cách thức kết nối

品詞	接続する形	記号	例
動詞	ない形	V ナイ	書かない
	~~ない~~	V ~~ナイ~~	書か
	~~ます~~	V ~~マス~~	書き
	辞書形	V ル	書く
	仮定形	V バ	書けば
	意志形	V ヨウ	書こう
	て形	V テ	書いて
	た形	V タ	書いた
	ている形	V テイル	書いている
い形容詞	い	A イ	多い
	~~い~~くて	A クテ	多くて
	~~い~~ければ	A ケレバ	多ければ
な形容詞		Na	便利
	な	Na ナ	便利な
	で	Na デ	便利で
	だ	Na ダ	便利だ
	である	Na デアル	便利である
名詞		N	問題
	の	N ノ	問題の
	だ	N ダ	問題だ
	である	N デアル	問題である
その他		N ~~スル~~	案内する

3. [普通形]

	普通形（現在）		普通形（過去）	
動詞	Ｖ ル	行く	Ｖ タ	行った
	Ｖ ナイ	行かない	Ｖ ~~ナイ~~なかった	行かなかった
い形容詞	Ａ イ	大きい	Ａ ~~イ~~かった	大きかった
	Ａ ~~イ~~くない	大きくない	Ａ ~~イ~~くなかった	大きくなかった
な形容詞	Na ダ	静かだ	Na だった	静かだった
	Na では／じゃない	静かでは／じゃない	Na では／じゃなかった	静かでは／じゃなかった
名詞	Ｎ ダ	休みだ	Ｎ だった	休みだった
	Ｎ では／じゃない	休みでは／じゃない	Ｎ では／じゃなかった	休みでは／じゃなかった

な形容詞・名詞の普通形の例外

な形容詞	Na ~~ダ~~→な	便利な
	Na ~~ダ~~→である	便利である
名詞	Ｎ ~~ダ~~→な	問題な
	Ｎ ~~ダ~~→である	問題である

例）第1課　読解の表現❷

❷ ～にもかかわらず

> 接続　[普通形]　＋　にもかかわらず
> 　　　※ Na ~~ダ~~→である　Ｎ ~~ダ~~→である
> 　　　Ｎ　　　　＋　にもかかわらず

※この場合、以下の内容になります。

「～にもかかわらず」は、「普通形」か名詞に接続します。「普通形」の場合、な形容詞は「Na だ」ではなく「Na である」になり、名詞は「Ｎ である」になります。

4. 「読解の表現」で使用したアイコン

アイコン	意味	説明
🔲	改まった表現 Formal expression 郑重表达 Biểu hiện trang trọng	改まった場面で使われる話し言葉的表現や、ビジネス文書などで用いられる硬い書き言葉的表現を指す。 Indicates a spoken expression used in a formal setting, or an expression written using strict language such as when used in a business document. 指的是在郑重场合所用口语的表达及商务文书等所使用的比较生硬的书面语的表达。 Chỉ cách thể hiện ngôn ngữ nói được sử dụng trong các tình huống trang trọng và cách thể hiện văn viết được sử dụng trong các tài liệu kinh doanh.
🔲	敬語表現 Honorific expression 敬语表达 Cách diễn đạt kính ngữ	話している相手や主題となっている人、場面や状況に配慮して、敬語と一緒に用いる表現を指す。 Indicates an expression used together with honorific expressions, considering the person who is being talked about or to, the setting and the situation. 指的是根据说话的对象、作为主题的人物以及场面、状况，而与敬语一起使用的表达。 Chỉ cách diễn sử dụng cùng với kính ngữ, bằng cách để ý đến hoàn cảnh, tình huống, đối phương đang nói chuyện hay người đang trở thành đề tài được nói.
接	接続詞 Conjunction 连词 Liên từ	言葉や文章をつなげる役割を持つ語。 Terms used to connect two words or sentences. 具有连接词语和文章作用的虚词。 Là từ có nhiệm vụ kết nối từ với từ hoặc câu với câu.
副	副詞 Adverb 副词 Phó từ	文の中で動詞や形容詞を詳しく説明する役割を持つ語。 Terms used to further explain the details about a verb or adjective in the sentence. 在句子里具有详细说明动词和形容词作用的语汇。 Là từ mang vai trò giải thích căn kẽ tính từ và động từ trong câu văn.

ビジネス場面でよく使う用語

① 会社（企業）・役職・部署

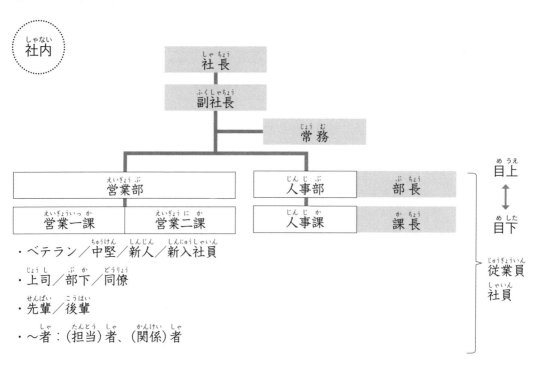

社内

社長
副社長
常務

営業部　　　　　　　　　人事部　　部長
営業一課　営業二課　　　人事課　　課長

目上 ⇅ 目下

・ベテラン／中堅／新人／新入社員
・上司／部下／同僚
・先輩／後輩
・〜者：（担当）者、（関係）者

従業員
社員

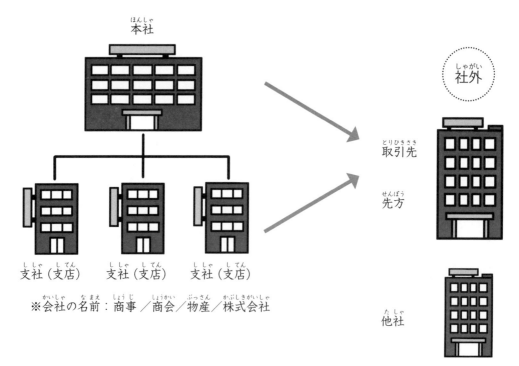

本社

社外

取引先

先方

支社（支店）　支社（支店）　支社（支店）

他社

※会社の名前：商事／商会／物産／株式会社

2

② 業務・取引

業務	業務を行います
スキル	スキル／技術を身に付けます
身に付ける	
研修 (する)	研修を受けます
ビジネスチャンス	ビジネスチャンスをつかみます
成果	仕事の成果を上げます
チームワーク	チームワークが大切です
作業 (する)	作業の方法を確認します
案件／件	A社の案件／件を担当します
担当 (する)	
営業 (する)	商品の営業をします
打ち合わせ	取引先の担当者と打ち合わせを行います
アポイントメント (アポイント、アポ)	アポイントメント (アポイント、アポ) を取ります
調整 (する)	日時を調整します
依頼 (する)	取引先に依頼します
問い合わせをする／問い合わせる	取引先に問い合わせをします／問い合わせます
納入 (する)	商品を納入します
手続き (する)	手続きをします
発送 (する)	商品を発送します
欠品	(商品名) は欠品しています
方針	販売の方針を決めます
見積もり	見積もりを取ります
提案 (する)	新規の企画を提案します
案	新規のサービスの案を作成します
〜書	(見積、契約、企画、計画、報告) 書を作成します
費用	費用がかかります
経費	経費を削減します
削減 (する)	
ミス (する)	仕事でミスしてしまいました

3

トラブル 　　　　　　　　　　　トラブルが起こります

解決（する）　　　　　　　　　トラブルが解決します／トラブルを解決します

まとめる 　　　　　　　　　　　資料／データ／アンケートをまとめます

人脈を築く

人脈を広げる 　　　　　　　　　人脈を築く／広げるために人に会います

異動（する）　　　　　　　　　営業部から企画部に異動になりました

転勤（する）　　　　　　　　　大阪支社に転勤することになりました

職場 　　　　　　　　　　　　　職場の環境を整えます

③ 　仕事で使うもの

書類 　　資料 　　　はんこ／印鑑 　　ファイル

④ 　出退勤

出社（する）　　 出勤（する）

退社（する）　　 退勤（する）

外出（する）

直行（する）　　 直帰（する）

予定表	
高島	
キム	
タイン	外出15:00帰社
王	直帰

⑤ 　マナー・礼儀

マナー 　　礼儀 　　　「ウチ・ソト」 　　お辞儀（する）

4

◆東京商事◆

東京本社

営業部営業一課

タイン	王	高島課長	キム
（グエン・ミン・タイン）	（王静）	日本	韓国
ベトナム	中国	タインさんと	タインさんと
新入社員	新入社員	王さんの上司	王さんの先輩
高島課長の部下	高島課長の部下		
王さんの同僚	タインさんの同僚		

人事部人事課

北村課長
日本

加藤
日本
北村課長の部下

大阪支社

営業部営業課

中村課長
日本

◆**大阪商会**◆
東京支社営業部営業課

チャイ
タイ
取引先

◆**浪速物産**◆
大阪本社営業部営業課

山本課長
日本
取引先

◆**九州物産**◆
福岡本社営業部営業課

戸田部長
日本
新規取引先

依頼

はじめに

ビジネスの世界では、上司や同僚、取引先の人などに何かを頼むことがよくあります。上手な頼み方を身に付けて、仕事を進めやすくしましょう。

表現だけでなく、会話の流れにも注目しましょう。

読解 01

これは日本の大学に留学した学生から聞いた話である。

私は飲食店でアルバイトをしているんですが、[1]あるお客さんが店長に両替を頼んだんです。すると、店長は困った顔で「うちの店では両替はちょっと……。」と言ってその後は何も言いませんでした。それなのに、お客さんは「分かりました。」と言って帰っていったんです。お客さんはどうして店長の言葉の意味が分かったんでしょうか。

日本語を学んでいる外国人から「日本人の話し方は、曖昧でよく分からない。」という声をよく聞く。この話に出てくる店長の「うちの店では両替はちょっと……。」という言葉も、両替ができるかどうかはっきりと言っていないので、曖昧で分かりにくい表現だと言える。しかし、そのような表現を[2]使ったにもかかわらず、お客さんは店長の言葉を断りだと理解でき、会話が成り立った。どうして日本語ではこのように曖昧な話し方をするのだろうか。

日本語は相手の期待に沿えないとき、はっきりと答えない傾向がある。「両替はできません。」と言うと、相手の感情を[3]害してしまうおそれがあるからだ。曖昧に答えることで、両替できなくて申し訳ないという気持ちを表し、相手を嫌な気持ちにさせずにコミュニケーションを取ることができるのだ。

次のような例はどうだろうか。温泉旅館に行くと、従業員が「お疲れになったでしょう。」と言って出迎えてくれることがある。それに対して、自分が疲れていない場合でも、「そうですね。でも、それほどでも。」と答える。相手が気遣ってくれたことを受け止めて、[4]一旦、「そうですね。」と言って相手の言葉を認めてから、穏やかに自分の意見や感想を言うの

だ。⁵仮にはっきり「疲れていません。」と言ったとしたら、相手は気遣いの気持ちを否定されたような気になるかもしれない。このように日本語は相手の気持ちを尊重し、相手の立場に立った言語表現を好むという特徴がある。

　相手に働きかける表現にもこのような特徴が見られる。何かを依頼する表現は、「新しいお客さんを紹介してください。」のように「〜てください」という言い方がまず挙げられるだろう。この「〜てください」の「ください」は、もともと「くださる」という尊敬語だから丁寧な言い方であるが、「ください」という形は「くださる」の命令形である。したがって、相手は言われた通りに⁶行動するしかない。一方、⁷「この書類に目を通していただけませんか。」や「この書類に目を通していただけないでしょうか。」といった疑問文の言い方をすれば、相手は自分の行動を選ぶことができ、断ることもできる。相手が選ぶことができる表現を使うということも相手の立場に立った言い方である。このような相手の立場に立った表現は、目上の相手にも使える丁寧な言い方になる。また、「この書類に目を通していただきたいんですが……。」や「この書類に目を通していただけないかと思いまして……。」というような自分の気持ちを伝える表現は、相手に心理的な負担をかけないので、よりソフトで丁寧な印象を与えることができる。

　相手の気持ちを尊重した言語表現を使用するのは、日本語の話し方の特徴である。日本語の話し方には特徴がいくつかあるが、それらを理解していくと、相手の言いたいことが徐々に分かるようになる。そして、周囲の人と良い人間関係を築くスキルが身に付くだろう。

● **考えてみよう**

1．お客さんは店長の「ちょっと……。」という言葉をどう理解しましたか。
2．日本語の話し方にはどのような特徴がありますか。

ケーススタディ

　同僚のＡさんから仕事を手伝ってほしいと頼まれましたが、あなたはとても忙しかったので、「ごめんなさい。今、忙しいから無理です。」と言いました。すると、Ａさんは悲しい顔をして行ってしまいました。あなたはどのように言えばよかったと思いますか。

● 読解の表現

① あるN

名前などを具体的に言わずに人・時・場所・事物などを指す。

Indicates a person/time/place/object, without saying a specific name.
指某一人物、时间、场所、事物，但不说出具体名称。
Dùng để chỉ sự người, thời gian, địa điểm, sự vật mà không nói cụ thể tên.

① ある役員から聞いた話だが、当社は今年、新規事業に乗り出すそうだ。

② あるセミナーで知り合った人と意気投合し、自分たちの会社を作ることにした。

② ～にもかかわらず　[参考] ～。にもかかわらず、～。／～。それにもかかわらず、～。

[接続] ［普通形］ ＋ にもかかわらず
※ Naダ→である　Nダ→である
N　　　　＋ にもかかわらず

前の事柄から当然導き出される結果にならないことを表す。逆接。

Indicates the results were not strictly related to what is being said. Contrastive conjunction.
表示不能从前面的事物引出理应的结果。逆接，转折。
Diễn tả việc không đạt được kết quả đương nhiên phải nhận được từ sự việc trước đó. Đối nghịch.

① 残業したにもかかわらず、結局仕事が終わらなかった。

② 不景気であるにもかかわらず、A社は業績が伸びている。なぜだろうか。

③ ～おそれがある

[接続] V［普通形（現在）］ ＋ おそれがある
Nノ　　　　　　　　＋ おそれがある

悪いことが発生する可能性があることを表す。

Indicates the possibility of a negative action taking place.
表示有可能发生不好的事情。
Diễn tả việc có khả năng xảy ra điều xấu.

① パソコンがウイルスに感染するおそれがあるので、メールの添付ファイルを開くとき

は注意しなければならない。

② 台風が接近しているため、明日は全国で大雨のおそれがあるそうだ。

④ 一旦　副

進行している物事や行為を一度やめることを表す。

Indicates stopping an action or object that is progressing.
表示一时暂停进行中的事情、行为。
Diễn tả việc dừng tạm thời hành động hoặc sự việc đang diễn ra.

① 出先から一旦会社に戻って、また営業に出かけます。
② 現在の店舗は一旦閉鎖し、1か月後にリニューアルオープンする予定だ。

⑤ (もし／仮に) [普通形] としたら

ある事柄や状況を想定するときに使う。

Used when assuming a potential action or situation.
用于假设某种情况、事态时。
Sử dụng khi giả định sự việc hoặc trạng thái.

① もし今のペースで作業を行うとしたら、完成までには1か月以上かかる。
② もしお客様から苦情の電話がかかってきたとしたら、まずどのように言いますか。

⑥ Vルしかない

ほかの選択肢や可能性がなく、「しかたなく～する」「ただ～するだけだ」という意味。

Indicates there is no other alternative or possibility. Means "doing V cannot be helped" or "just have to do V."
意思是"不得已做～""只能做～"，表示没有其他选择和可能性。
Mang ý nghĩa không có sự lựa chọn khác, "không còn cách nào khác ngoài～", "chỉ còn cách～".

① この後すぐ、次の取引先に行かないといけないので、昼食はコンビニで買って簡単に済ませるしかない。
② 仕事は大変なこともあるが、社会人として一人前になるために、一生懸命頑張るしかない。

⑦ N1やN2といったN3

N1・N2で具体例を挙げ、N3はそれをまとめて述べる。

Used to say that N3 is the collective noun of the specific examples N1 and N2.
N1、N2举出具体事例，N3将其进行归纳。
Đưa ra ví dụ cụ thể N1 và N2, tổng hợp và bày tỏ N3.

① お客様の氏名や性別といった個人情報は、取り扱いに注意しなければならない。
② 全社経営会議には、社長や本部長といった幹部が出席する。

会話

会話1 依頼をする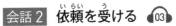

【タインさんが先輩のキムさんの席に行き、話しかける。】

タイン：キムさん、今、ちょっとよろしいでしょうか。

キム：うん。どうしたの？

タイン：今、11時からの会議の準備をしているんですが、
少し人手が足りないので、手伝っていただけないで
しょうか。

キム：うん、いいよ。

タイン：ありがとうございます。お忙しいところ申し訳ありません。

会話2 依頼を受ける 03

【午後1時。高島課長が王さんの席に来て、王さんに話しかける。】

高島：王さん、今、ちょっといい？

王：はい。

高島：ちょっと急ぎで、この調査データ、3時までに入力し
てほしいんだけど、お願いできる？

王：承知いたしました。3時までですね。

高島：うん、よろしくね。

会話3 依頼を断る 04

【午後2時。先輩のキムさんがデータを入力中の王さんに話しかける。】

キム：王さん、今大丈夫？

王：はい。

キム：今この資料を読んでるんだけど、中国語の部分を
ちょっと翻訳してくれない？

王：実は先ほど、課長から急ぎでと頼まれた仕事がありま
して……。すみません。

キム：そっか。じゃあ大丈夫。

王：申し訳ありません。

ポイント

相手に声をかけ、まずは相手の都合を聞いてから話題を切り出し、依頼をします。相手の立場に立った言い方をします。

When making a request, you should first confirm the other person's availability before making a request. Think of the position the other person has when talking.

和对方搭话，先询问对方是否方便，然后进入话题，提出委托之事。措辞要考虑到对方的立场。

Bắt chuyện với đối phương, đầu tiên hỏi xem có tiện không, rồi đưa ra chủ đề, yêu cầu. Nói theo cách đứng trên lập trường của đối phương.

●会話の流れ

会話1・2・3 依頼をする・依頼を受ける／断る

1 声をかけ、相手の都合を聞く

Speak to the other person and ask about their availability.
搭话，询问对方是否方便。
Bắt chuyện, hỏi xem có tiện hay không.

A

2 話題を切り出し、依頼する

Broach the subject and make your request.
进入话题，提出委托之事。
Đưa ra chủ đề, nhờ vả.

A

3 依頼を受ける／断る

Accept the request/refuse the request.
接受委托／回绝委托。
Từ chối/tiếp nhận yêu cầu.

B

4 会話を終わらせる

End the conversation.
结束对话。
Kết thúc hội thoại.

A

●会話の表現

1 依頼をする

V テ	いただけるとありがたいのですが……。
お V マス	いただけないかと思いまして……。
お・ご N	いただけないでしょうか。
お・ご N ＋を	いただきたいんですが……。
	いただけませんか。

より丁寧 ↑

例1)【上司に／取引先との交渉内容について報告と相談がある。】

私：九州物産との新商品の取引についてご報告とご相談があるので、お時間をいただけない

でしょうか。

例2)【取引先の人に／パンフレットを送ってもらうよう依頼する。】

私：あのう、できましたら明後日15日中に着くようにお送りいただけるとありがたいので

すが……。

2 依頼を受ける

[上司・取引先・先輩に]	かしこまりました。
[上司・取引先・先輩に]	承知いたしました。／承知しました。
[同僚に]	分かりました。

より丁寧 ↑

※「かしこまる」は「身分が高い人の前で、謹んだ態度を取ること」である。「承知する」

は「依頼や要望を聞き入れる」という謙譲の表現。目上の人から依頼を受けた場合、

「分かりました」は使わないほうがよい。

"かしこまる" is used to take a reserved attitude when talking to a superior. "承知する" is a modest expression used when accepting a request or desire. When accepting a request from a person with a higher position than yourself, it is better not to use "分かりました (Understood)."

"かしこまる" 是 "在身份高的人面前, 采取恭敬态度的用语"。而 "承知する" 是 "答应对方的委托、要求" 时表示谦逊的用语。从上司、长辈那里接受委托时, 不要使用 "分かりました (知道了)" 为好。

"かしこまる" diễn tả "thái độ khiêm tốn khi nói chuyện với người địa vị cao hơn mình như cấp trên". "承知する" diễn tả "khi chấp nhận nhờ vả và hay yêu cầu của ai đó", mang tính khiêm nhường. Trường hợp chấp nhận sự nhờ vả của người địa vị cao hơn mình không nên dùng "分かりました (tôi hiểu rồi)".

※「了解いたしました／了解しました／了解です」と言う人もいるが、失礼だと考える

人もいるので使わないほうがよい。

There are also those who use "了解いたしました (Understood)/了解しました (Roger)/了解です (Got it)", but they can also be taken impolitely, so it is better not to use them.

也有人会用 "了解いたしました (知道了) /了解しました (知道了) /了解です (明白)" 但是, 也有人认为这不礼貌, 因此以不用为好。

Cũng có người nói "了解いたしました (tôi đã hiểu rồi ạ)/了解しました (tôi hiểu rồi)/了解です (hiểu rồi)", nhưng cũng có người cho rằng như vậy là thất lễ vì thế không nên dùng.

例1)【上司から／アンケートのまとめをするよう依頼された。】

上司：このアンケート、まとめておいてくれない?

　私：かしこまりました。

例2)【取引先から／追加注文の電話があった。】

取引先：すみませんが、先週発注した商品ですが、50個追加していただけますでしょうか。

　　私：承知いたしました。

❸ 依頼を断る

申し訳ございませんが、	ちょっと……。
申し訳ありませんが、	〜ので／※でして／まして……。
すみませんが、	

実は、〜んです。	申し訳ございません。
実は、〜ので／※でして／まして……。	申し訳ありません。
	すみません。

※「〜でして」「〜まして」

接続 N・Na ＋ でして

　　　Vマス ＋ まして

　ビジネス場面で「原因・理由」を表す「〜て」を使うときは、「です」「ます」に接続
し、「〜でして」「〜まして」の形を取ることが多い。

In a business setting, when expressing a cause or reason using the "〜て form", "です" or "ます" are often included, to form "〜でして" or "〜まして".

在商务场合, 使用表示"原因, 理由"的"〜て"时, 大多接续"です""ます", 采用"〜でして""〜まして"的形式。

Khi dùng "〜て" để diễn tả "nguyên nhân, lý do" trong kinh doanh thì hay đi ghép với "です""ます" thành "〜でして""〜まして".

例)【先輩に／倉庫の片付けを手伝うよう依頼された。】

先輩：今日の午後、倉庫の片付けを手伝ってもらえない?

　私：実は、課長から出張報告書の作成を急ぐように言われておりまして……。申し訳あり

　　　ません。

●練習しよう1

① 依頼をする

例)【先輩に／売上報告書を作成したので確認してもらいたい。】

売上報告書の確認をする

→ 売上報告書の確認をしていただけるとありがたいのですが……。／売上報告書の確認
をしていただけないかと思いまして……。／売上報告書の確認をしていただけないで
しょうか。

①【先輩に／見積書の計算が合っているかチェックしてもらいたい。】

見積書の計算が合っているかチェックする

→ _____

②【上司に／書類に印鑑を押してもらいたい。】

印鑑を押す → _____

③【業者の人に／コピー機の調子が悪いので見に来てほしいと言う。】

コピー機の調子が悪いので、見に来る → _____

② 依頼を受ける

例) 先輩：Aさん、この資料、課のみんなに配ってくれない？

　　私：承知いたしました。

① 取引先：お手数ですが、見積書をファックスしていただけないでしょうか。

　　私：_____

② 先輩：5階の会議室が空いているか、見てきてもらえない？

　　私：_____

③ 依頼を断る

例) 先輩：悪いんだけど、この資料、印刷してきてくれる？

　　私：今から会議がある → 実は今から会議がありまして……。すみません。

① 部長：郵便局へ行って、この書類を速達で出してきてくれない？

　　私：これからお客様がいらっしゃる

　　　→ _____

② 先輩：悪いんだけど、午後、会議の準備手伝ってくれない？

　　私：午後は外出だ → _____

14

③　先輩：その棚の上から資料の箱を下ろしてくれない？

　　　　私：週末、肩を痛めてしまった　→ _____

●練習しよう2

例)【先輩に／集計したアンケート結果を確認してもらいたい。】

　　　　私：今、ちょっとよろしいでしょうか。

　　　先輩：はい。どうしましたか。

　　　　私：お客様アンケートの集計が終わりましたので、チェックしていただけないでしょ

　　　　　　うか。

　　　先輩：分かりました。

①【電話で／取引先の人に／明日の打ち合わせに見積書を持ってきてもらいたい。】

　　　　私：[1] _____

　　取引先：はい、何でしょうか。

　　　　私：[2] _____

　　取引先：承知いたしました。

②【先輩に／前回の会議の資料に分からないところがあるので、教えてもらいたい。】

　　　　私：[1] _____

　　　先輩：ええ、どうしましたか。

　　　　私：[2] _____

　　　先輩：いいですよ。

●ロールプレイ

①

役割：社員Ａ　　　　　　　1-1	役割：先輩Ｂ　　　　　　　1-1
相手：先輩Ｂ	相手：社員Ａ
状況：明日の会議の資料を作成しました。一生懸命作りましたが、日本語や内容に少し自信がないので心配です。	状況：Ａさんが明日の会議の資料の作成をしています。Ａさんはまだ資料の作成に慣れていないので、作成が終わったら持ってくるように伝えています。
タスク：Ｂさんに内容だけでなく日本語も見てほしいと頼んでください。	タスク：Ａさんの話を聞き、依頼を受けてください。

②

役割：社員Ａ　　　　　　　1-2	役割：社員Ｂ　　　　　　　1-2
相手：社員Ｂ	相手：社員Ａ
状況：明日から始まる展示会の会場の準備のため、午後、会社から机を運びます。できれば多くの人に手伝ってもらいたいです。	状況：明日からの展示会の準備をしていましたが、熱が出て寒気もするので、今から早退させてもらうことになりました。机に戻るとＡさんが声をかけてきました。
タスク：Ｂさんに手伝ってほしいと頼んでください。	タスク：Ａさんの依頼を断ってください。

チャレンジ

役割：社員Ａ　　　　　　　1-α	役割：先輩Ｂ　　　　　　　1-α
相手：先輩Ｂ	相手：社員Ａ
状況：今、午前10時半です。昨日の会議の議事録を書いています。書き方について、Ｂさんに昨日教えてもらいましたが、まだ分からないことがあります。	状況：今、午前10時半です。今日はお昼までにやらなければならない仕事がたくさんあって忙しいです。午後は少し時間があります。Ａさんが声をかけてきます。
タスク：Ｂさんに教えてほしいと頼んでください。	タスク：Ａさんの話を聞いて、対応してください。

▌まとめ

▶ できるようになりましたか。

1. 依頼するときの表現を覚えて滑らかに言うことができる。 □ □ □ □

2. 依頼を受けるときと断るときの表現を覚えて滑らかに言うことができる。 □ □ □ □

3. 相手の立場に立って、誰かに依頼することができる。 □ □ □ □

4. 相手を嫌な気持ちにさせずに依頼を断ることができる。 □ □ □ □

▶ ポイント

・日本語には相手の立場に立った表現が多い。

・相手への気遣いがない言い方は、相手を嫌な気持ちにさせてしまうことがある。

・依頼をするときにも、相手に心理的負担をかけないように、それをするかしないかを相手が選べるような言い方をすることが多い。

● もっと考えてみよう

ケーススタディ

　今朝、あなたは上司に書類の作成を頼まれました。締め切りは明日の午後1時です。今日は別の仕事で忙しいので、明日の午前中にしようと思っています。ところが、午後、上司から「あの書類、明日の午後1時までって言ったけど、やっぱり朝一で出してもらえないかな？」と言われました。今日の夜は用事があるので残業することができません。こんなとき、あなたなら上司に何と言いますか。

アポイントメント

はじめに

　取引先など他社の人に会いたいときは、まずその人に会う約束をします。では、どのような流れで約束をすればいいでしょうか。

　日時や場所などの決め方に特に注目しましょう。

読解 05

　他社の人に¹**会いたいからといって**、²**いきなり**その会社を訪問してはいけない。ビジネスの場面で人と会う場合、電話などでアポイントメント（「アポイント」や「アポ」と省略される。以下、「アポイント」）を取ってから会うのがマナーである。

　アポイントを取るときに相手に³**伝えるべきこと**は、会って何を話したいのかという目的である。そして、日時や場所を決めるが、これは相手の都合に合わせることが重要である。相手の希望を聞き、その中からこちらの都合が合う日時や場所を選ぼう。

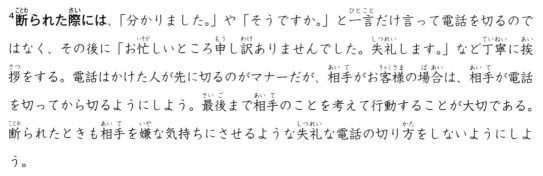

　会う目的によっては、アポイントを取ることを断られることもある。⁴**断られた際には**、「分かりました。」や「そうですか。」と一言だけ言って電話を切るのではなく、その後に「お忙しいところ申し訳ありませんでした。失礼します。」など丁寧に挨拶をする。電話はかけた人が先に切るのがマナーだが、相手がお客様の場合は、相手が電話を切ってから切るようにしよう。最後まで相手のことを考えて行動することが大切である。断られたときも相手を嫌な気持ちにさせるような失礼な電話の切り方をしないようにしよう。

　アポイントの当日は、待ち合わせの場所に約束の時間の5分前までに着くようにしよう。⁵**何らかの事情**で1分でも遅れる場合は、できるだけ早く相手に連絡をする。遅れる理由と到着時刻を伝え、しっかり謝る。また、遅れる時間によっては、相手に指示をもらう。もし連絡をしないまま遅れた場合、「約束の時間が守れないのならほかの約束も守れないだろう。」と思われ、信用をなくしてしまう。遅刻は忙しい相手の時間を無駄にし、迷惑をかけることなので、大変失礼である。これは、ビジネスの常識として覚えておく必要がある。

　⁶**ただ**、この考え方は世界共通とは言えないようだ。「約束の時間」に厳しい文化がある一方で、そうでない文化もある。時間に厳しい文化を持つ人がそうでない文化を持つ人に対

18

して、「約束の時間になっても来ない」「いつも遅刻をしてくる」という不満を持つことがあるが、このような不満は、時間についてどのように考えるかという文化の違いから起きると言える。

[7]**世界における時間についての考え方**にMタイムとPタイムというものがある。Mタイム（MはMonochronic［単一的］のこと）は、スケジュールを重視し、そのスケジュール通りに一つ一つ仕事を終わらせていくような時間の使い方である。一方、Pタイム（PはPolychronic［多元的］のこと）は、今どのような状況であるかを優先し、複数の仕事を同時に進めていくような時間の使い方である。つまり、Mタイムではスケジュールをきちんと守らなければならないが、Pタイムでは大体守れればいいということになる。したがって、「約束の時間になっても来ない」「いつも遅刻をしてくる」という不満は、Mタイムの使用者がPタイムの使用者に対して感じるものだということが分かる。アメリカ、ドイツなどはMタイム、中南米やアラブ諸国ではPタイムを使っているとのことである。日本は、社会生活の基本ルールとしてはMタイムだと言われている。

文化が違う人同士がビジネスをする場合、文化の違いをお互いに理解することによって、より良い関係が築け、ビジネスが成功するのだ。アポイントが取れても、その約束の時間についての考え方は、文化によって異なる。Mタイム、Pタイムという二つの考え方は、そのような違いに出会って困ったときの助けになるだろう。

● **考えてみよう**

１．アポイントを取ることを断られたときはどのように電話を切りますか。
２．アポイントの時間に連絡せずに遅刻したらどうなりますか。

　ケーススタディ

　あなたはA社の社員です。取引先のB社のCさんから、アポイントの当日に時間の変更や約束のキャンセルをしたいという連絡がよく来ます。あなたはどう思いますか。

● 読解の表現

1 [普通形] からといって   参考 ～。だからといって、～。

「～という理由があっても」という意味。前の事柄が後ろの行為の理由とは認められないと言うときに使う。

Means "even if there is a reason that ~." Used to indicate that the reason at the start of the sentence is not acceptable for the action following it.
意思是“即使有～的理由也”。用于不认可前面的事情可以成为后续行为的理由时。
Có ý nghĩa "dẫu với lý do~ đi nữa". Sử dụng khi nói điều trước đó không được chấp nhận bằng lý do sau đó.

① 自分の担当ではないからといって、ほかの人の仕事を手伝わないのは協調性に欠ける。

② 国へ帰りたいからといって、忙しいときに5日も休暇を取ったら、周りのスタッフに迷惑がかかる。

2 いきなり 副

通常の行為の順序に従わずに、あるいは、事前の予告なしに、ある行為をする様子を表す。

Indicates that an action took place without following the normal order of events, or without prior warning.
表示不遵守一般行为顺序，或者没有事前预告就进行某种行为的情况。
Diễn tả trạng thái hành động không dự báo trước, hoặc hành động không tuân theo trật tự thông thường.

① この会社は実力主義だから、平社員がいきなり部長になることもある。

② 会議室に入るときはノックをするべきで、いきなりドアを開けてはいけない。

3 VルべきN   参考 Vルべきだ。 ⇔ Vルべきではない。

※する→するべきN／すべきN

当然そうすること、そうしなければならないことを表す。

Indicates that it is natural to do V, or that V is an action that must be done.
表示当然会这样做、必须要这样做。
Diễn tả việc phải làm, việc làm này là đương nhiên.

① 会社のルールや敬語の正しい使い方など、新入社員が学ぶべきことは多い。

② 電話で話すときに注意すべき点は、ゆっくり、はっきりと話すことである。

4 ～際（に） 🔲   参考 ～。その際（に）、～。

接続 Vル／Vタ／Nノ ＋ 際（に）

「～をするとき」「～をしたとき」「～のとき」という意味。

① 会議などの場で議論する際は自分の意見を一方的に言うだけではいけない。

② 本日の講演会のアンケートはお帰りの際にお出しください。

⑤ 何らかのN 👔

「何かの」「ある種の」など、不確定な事項を表す。

Used to indicate an unconfirmed object. Similar to "a kind of N" or "a type of N" etc.
表示 "有什么" "某种" 等一些不确定的事项。
Diễn tả những hạng mục không xác định như là "loại gì", "cái gì" v.v.v...

① 当社の製品に何らかの問題点がありましたら、すぐにサービスセンターにご連絡ください。

② 現在、何らかの理由でサーバーが停止していますので、メールの送受信や確認ができません。

⑥ ただ 接

前の文で述べたことに、例外や条件があることを説明したり、注釈を付け加えたりする。

Used to explain an exception or condition of the previous sentence, or add an annotation.
对前面句子谈及的事项，进行有例外、条件的说明，或加以注释。
Chú thích, giải thích thêm những điều kiện hoặc ví dụ ngoại lệ cho đoạn văn phía trước.

① 新しく出たコンピューターは性能が良くて使いやすい。ただ、値段がとても高いので、なかなか売れない。

② 将来は海外の支社で働きたい。ただ、外国語が苦手なので、難しいかもしれない。

⑦ N1におけるN2 👔　参考 Nにおいて、〜。

「ある領域・時間・地点・分野など（N1）の中でのN2」という意味。

Means "N2 is part of an area/time/point/field (N1)."
意思是 "在某一领域、时间、地点或范围等（N1）之中的N2"。
Mang ý nghĩa "N2 trong một khu vực/ thời gian/ địa điểm/ lĩnh vực nhất định (N1)".

① 仕事におけるトラブルはすぐに上司に報告しなければなりません。

② 日本企業で働くなら、日本における商習慣を理解する必要があります。

会話

【火曜日。タインさんが大阪商会のチャイさんに電話でアポイントを取る。】

チャイ：はい、大阪商会営業部でございます。

タイン：私、東京商事営業部のタインと申します。いつもお世話になっております。

チャイ：あ、タインさん、チャイです。こちらこそ、お世話になっております。

タイン：今、ちょっとよろしいでしょうか。

チャイ：はい、何でしょうか。

タイン：**実は、弊社のカタログを新しくすることになりまし**

　　　　て……。できましたのでお持ちしたいんですが……。

チャイ：ああ、そうですか。

タイン：今週の木曜日にお伺いしたいんですが、**午後4時ごろはいかがでしょうか。**

チャイ：申し訳ありません。木曜日はちょっと予定が入っておりまして……。**明日の午後**

　　　　3時ごろはご都合いかがでしょうか。

タイン：承知いたしました。では、**明日の午後3時にお伺いする**ということで、よろし

　　　　くお願いいたします。

チャイ：はい、ではお待ちしております。

タイン：ありがとうございます。それでは、失礼いたします。

チャイ：失礼します。

【王さんは、大阪商会東京支社でチャイさんと打ち合わせをしている。打ち合わせの最後
に、別の打ち合わせのアポイントを取る。】

　　王：すみませんが、一点よろしいでしょうか。

チャイ：はい。何でしょうか。

　　王：**来月の展示会の件ですが、近々打ち合わせのお時間**

　　　　をいただけないかと思いまして……。

チャイ：ええ、いいですよ。

　　王：では、**お日にちと場所はいかがいたしましょうか。**

チャイ：そうですね、来週ですと、火曜日以外でしたら、今のところ大丈夫ですが……。

　　　　場所は弊社でもよろしいでしょうか。

王：では、**水曜日、２時はいかがでしょうか。**御社に伺います。

チャイ：ええ、大丈夫です。

王：ありがとうございます。では、**来週水曜日、午後２時に御社の受付にお伺いす**

るということで、よろしくお願いいたします。

チャイ：お願いします。

／ **ポイント** ／

アポイントを取る際は、最初に軽く内容を話し、アポイントの申し入れをして、次に日時や場所を決めます。相手の都合を優先します。

When making an appointment, you should first lightly discuss the content, request the appointment, and then decide the time and place. You should prioritize the other person's availability.

在与人约定见面时，先简单地说一下内容，提出约会的请求，然后再决定见面的日期、时间和地点。优先考虑对方方便的时间等。

Khi lên một cuộc hẹn, đầu tiên nói sơ qua về nội dung, rồi đặt hẹn. Sau đó là quyết định thời gian và địa điểm. Ưu tiên sự thuận tiện của đối phương.

● **会話の流れ**

会話 1・2 アポイントの申し入れをする

1
◯
Ⓐ

挨拶をし、相手の都合を聞く

Greet the other person and ask their availability.
问候对方，询问对方是否方便。
Chào hỏi, hỏi xem đối phương có tiện không.

2
◯
Ⓐ

話題を提示し、情報を提供する

Broach the subject and share the information.
提示话题，提供信息。
Đưa ra chủ đề, cung cấp thông tin.

3
◯
Ⓐ

アポイントの申し入れをする

Request the appointment.
提出见面的请求。
Lên cuộc hẹn.

4

Ⓑ

アポイントの申し入れを受ける

Accept the appointment.
接受见面的请求。
Đồng ý cuộc hẹn.

日時や場所を決める
※相手の希望を優先する

Decide the time and place.
※Prioritize the other person's wishes.
决定日期、时间、地点。
※优先考虑对方的希望。
Quyết định thời gian, địa điểm.
※Ưu tiên nguyện vọng của đối phương.

A

6

確認して会話を終える

Confirm the details and end the conversation.
确认以后结束对话。
Xác nhận, kết thúc hội thoại.

A

参考 電話でアポイントを取るときは、電話の挨拶表現で始めましょう。

タイン：いつもお世話になっております。私、東京商事のタインと申します。

取引先：あ、タインさん、こちらこそ、（いつも）お世話になっております。

※ほかの部署や社員が取引をしている可能性があるので、自分が初めて電話をかける相手や

会社でも「いつもお世話になっております。」という挨拶を使うことが多い。

It is often appropriate to use "いつもお世話になっております。(We are always in your care.)" when speaking to another person or company over the phone for the first time, as other departments or employees in your company may have dealings with them.
由于其他部门、员工有可能与对方有着交易关系，所以即使自己是初次打电话的对象和公司，也多会使用"いつもお世話になっております。（平素多蒙关照。）"这类寒暄用语。
Vì có khả năng những nhân viên hay bộ phận khác đang làm việc nên tôi thường sử dụng lời chào,hay cả những đối tác, đối phương mà lần đầu tôi gọi điện đi nữa "いつもお世話になっております。(Cảm ơn vì luôn luôn giúp đỡ tôi.)" ngay cả với công ty hay người mà tôi gọi điện lần đầu.

●会話の表現

①話題を提示する

（1）相手が知らない話題を提示する

［自社の企画など］　～ことになりまして／なったんですが……。
［他社の企画など］　～がありまして／あるんですが……。

例1）【自社の企画／創立40周年のパーティーを開催する。】

私：今度、弊社の創立40周年記念パーティーを開催することになりまして……。

例2）【他社の企画／ABCホールで展示会が開催され、自社も出展する。】

私：今度、ABCホールで展示会がありまして、当社も出展することになったんですが……。

（2）相手が知っている話題を提示する

~の件（なん）ですが、~。／……。
~について（なん）ですが、~。／……。　⬆ よりかたい
~のこと（なん）ですが、~。／……。

例）【先週メールで送付した見積書の話題を提示する。】

私：先週お送りいたしました見積書の件なんですが……。

❷ アポイントの申し入れをする

~（さ）せていただきたいんですが……。／~たいんですが……。
~の（お）時間をいただけないかと思いまして……。／いただけないでしょうか。

例）【来週訪問して新商品の紹介をしたい。】

私：来週、御社に伺いまして、新商品のご紹介をさせていただきたいんですが……。

❸ 日時・場所を決める

（1）日時や場所を提案する

［日時・場所］はいかがでしょうか。
［日時］はご都合いかがでしょうか。
［場所］※にお伺いしましょうか／［場所］※でお会いしましょうか。
［日時］＋［場所］でお会いしましょうか。

※「にお伺いしましょうか」：相手の会社や相手に関係のある場所を訪問する場合
　「でお会いしましょうか」：お互いの会社以外で会う場合（ホテルのロビーなど）

例）【会社を訪問する日時を提案する。】

私：では、あさって金曜日の午後3時に、御社にお伺いしましょうか。

（２）日時や場所の希望を聞く

> ご都合はいつがよろしいでしょうか。
> （お）日にち／（お）時間／場所はいかがいたしましょうか。
> ご都合の良い日／お時間／場所がおありでしょうか。
> どちらに伺いましょうか。／どちらでお会いしましょうか。

例）【アポイントの日時と場所を取引先の斉藤さんに聞く。】

私：では、来週、斉藤様のご都合の良いお日にちがおありでしょうか。

斉藤：来週の金曜でお願いします。

私：では、来週の金曜日、お時間と場所はいかがいたしましょうか。

❹ 確認して会話を終える

> ［日時］＋［場所］（でお会いする）ということで、よろしくお願いいたします。
> ［日時］＋［場所］にお伺いしますので、よろしくお願いいたします。
> ［日時］に弊社の〇〇でお待ちしております。よろしくお願いいたします。

例）【取引先の人と、明日10時にさくらホテルのロビーで会うことになった。】

私：では、明日の朝10時にさくらホテルのロビーでお会いするということで、よろしくお願いいたします。

● 練習しよう1

❶ 話題を提示する＋アポイントの申し入れをする

例)【取引先にアポイントを取る。新しい商品の見本ができた。／見てほしい。】

→ <u>新しい商品の件なんですが、見本ができましたので見ていただけないかと思いまして</u>

<u>……。</u>

① 【取引先にアポイントを取る。秋に新製品を発売する。／説明に行きたい。】

→ _____

② 【取引先にアポイントを取る。来月から担当者を変更する。／新しい担当者と挨拶に行き

たい。】

→ _____

③ 【取引先にアポイントを取る。先週依頼された見積書／説明の時間が欲しい。】

→ _____

❷ 日時・場所を決める

例)【会う場所をどこにするかを提案してもらう。】 → <u>どちらでお会いしましょうか。</u>

① 【今週の金曜日の都合を聞きたい。】

→ _____

② 【15日の月曜日の午後2時はどうか提案する。】

→ _____

③ 【来週の打ち合わせ場所をどこにするか相手に提案してもらう。】

→ _____

❸ 確認して会話を終える

例)【明日の2時／Aホテルのロビー】

→ <u>では、明日、2時にAホテルのロビーでお会いするということで、よろしくお願い</u>

<u>いたします。</u>

① 【木曜日10時／御社の受付】

→ _____

② 【あさって金曜日の午後3時／駅前のコーヒーショップ】

→ _____

●練習しよう2

例)【見積もり／明日の午後に訪問したいのでアポイントを取る。】

A：お見積もりの件でお時間をいただきたいのですが、明日の午後はご都合いかがでしょうか。

B：明日でしたら、3時はいかがでしょうか。

A：承知いたしました。では、明日の午後3時にお伺いしますので、よろしくお願いいたします。

B：はい、お待ちしております。よろしくお願いいたします。

① 【新しい企画／明日午前10時の打ち合わせを提案する。】

A：[1]_____

B：いいですよ。

A：[2]_____

B：こちらこそ、よろしくお願いいたします。

●ロールプレイ

①

役割：社員A　　　　　　　　　2-1 （大阪商会東京支社営業部） 相手：社員B（東京商事営業部） 状況：新しいパンフレットができました。今週の木曜日、Bさんのところへ持っていきたいと思っています。 タスク：Bさんに電話し、アポイントを取ってください。	役割：社員B（東京商事営業部）　　2-1 相手：社員A（大阪商会東京支社営業部） 状況：取引先のAさんから電話がかかってきます。今週の木曜日、午前は会議がありますが、午後は空いています。 タスク：Aさんからの電話を受け、会う日時を相談して決めてください。

②

役割：社員A（九州物産福岡本社）　2-2 相手：社員B（東京商事営業部） 状況：来月、新商品を売り出すことになりました。新しい取引先を探しています。東京商事とは今まで取引をしたことがありません。来週の月曜日から水曜日まで東京へ行く予定があるので、そのときになるべく早く訪問したいと思っています。 タスク：Bさんに電話し、アポイントを取ってください。	役割：社員B（東京商事営業部）　　2-2 相手：社員A（九州物産福岡本社） 状況：九州物産という会社から電話がかかってきます。今まで取引をしたことはありません。明日から来週の月曜日まで、北海道に出張する予定です。 タスク：Aさんからの電話を受け、会う日時を相談して決めてください。

役割：社員A（東京商事営業部）　2-α 相手：社員B（大阪商会東京支社営業部） 状況：来月、展示会があります。取引先のBさんと会場の下見に行くことになっていて、そろそろ予定を決めたいと思っています。準備の都合があるので、できれば今週の金曜日に行きたいと思っています。来週の月曜日は午後しか時間が取れません。火曜日は午前中時間があります。 タスク：Bさんに電話し、アポイントを取ってください。	役割：社員B　2-α （大阪商会東京支社営業部） 相手：社員A（東京商事営業部） 状況：来月、展示会があります。取引先のAさんと会場の下見に行くことになっていて、そろそろ予定を決めたいと思っています。今週は明日から出張があるので、来週がいいです。月曜日は午後2時まで、火曜日は午前も午後も時間があります。 タスク：Aさんからの電話を受け、会う日時を相談して決めてください。

■ まとめ

▶ できるようになりましたか。

	できる	なんとかできる	あまりできない	できない
1．アポイントを取るときの表現を覚えて滑らかに言うことができる。	□	□	□	□
2．相手の都合に合わせてアポイントの日時・場所を決めることができる。	□	□	□	□

▶ ポイント

・アポイントを取るときは、目的を伝える。また、日時と場所は相手の都合に合わせる。

・アポイントの当日、遅刻は絶対にしてはいけない。どうしても遅れる場合は、必ず約束の時間より前に相手に連絡をする。

・文化が違う人同士がビジネスをする場合、文化の違いをお互いに理解する必要がある。

● もっと考えてみよう

ケーススタディ

あなたは営業部の社員です。今日は打ち合わせのために取引先を訪問します。朝から雨が降っていたので、電車が遅れて遅刻してはいけないと思い、早めに会社を出ました。電車は通常通り運行しており、約束の時間の 15 分前に取引先のビルの前に着きました。この後、あなたはどうしますか。

謝罪

はじめに

　仕事でミスや失礼なことをしてしまったときなどは、きちんと謝る必要があります。しかし、謝り方によっては、相手を怒らせてしまうかもしれません。

　場面に合った謝り方ができるようになりましょう。

読解 08

　日本語の謝罪は「ごめんなさい」「すみません」「申し訳ございません」の3種類がよく使われる。「ごめんなさい」は、「許す」という意味の「免ずる（免じる）」が「¹ご～なさる」という尊敬語の形式の命令形になったもので、「許してください」という意味である。「すみません」は「済む」の否定形である。「済む」は「気持ちが晴れる」という意味だから、「すみません」は「気持ちが晴れません」という意味で、謝る人の心の中の状態を表している。「申し訳ございません」は「申し訳ない」の丁寧な言い方で、「このようなことをしてしまった理由を²説明しようがありません」という意味である。

　では、この三つの謝罪表現はどのように使い分けられているだろうか。まず、「ごめんなさい」は許すことを相手に直接お願いする表現である。一方、「すみません」「申し訳ございません」は間接的に謝罪の気持ちを表す表現である。直接的表現は心理的に近い関係の人に、間接的表現は心理的に遠い関係の人に使うため、「ごめんなさい」は親しい人同士で使われる謝罪表現で、「すみません」「申し訳ございません」は正式な場で話すような感じを相手に与える謝罪表現である。

　歩いていて知らない人がぶつかってきた場合、その人に「ごめんなさい」と言われると、あまり気分が良くないと言う人もいるようだ。これは心理的に距離が遠いはずの関係の人に、親しい感じがする謝罪表現を使われたことによるものだと考えられる。だから、普通、「ごめんなさい」はビジネスの場で上司やお客様に対しては使用できない。一方、「すみません」は「申し訳ございません」よりも広く使われている。「申し訳ございません」は、例えば上司と部下、お客様と店員といった関係のように、上下関係が明確な場合に多く使用されている。

　³さて、もし買ったばかりの製品が動かないとお客様からクレームがあったら、どのように対応するだろうか。クレームがあった場合は、⁴どんなクレームであっても「ご迷惑をお

かけしまして、誠に申し訳ございません。」とまず謝罪をすることが多い。その後、相手の話を聞き、相手の操作が間違っていた場合でも、「私どものマニュアルが分かりにくかったようですね。」のように言い、相手のせいにしないほうがお客様との関係がうまくいく。

　日本語の会話ではよく謝ると言われている。このクレーム対応のように、謝ることで、悪くなった人間関係を元に戻すように努力し、良い人間関係を続けようとすることが多いようだ。

　また、謝るときに言い訳や説明をすることは良く思われない。例えば、会社に遅刻したときに、謝罪の言葉を言わずに「電車が混んでいて乗れませんでした。」のように言い訳をして、遅刻を正当化するようなことは、あまりしてはいけない行為である。

遅刻の⁵理由はともかく、まずは「遅刻して申し訳ございませんでした。」のように、謝罪の言葉を言うことが大切だ。まず謝るということは、日本の職場において良い人間関係を⁶続ける上で、重要なことなのである。

　自身はどのような謝り方をしているだろうか。謝罪のし方は文化によって違いがあると言われている。日本のビジネス社会で働く際に困らないように、自国の文化における謝罪のし方を振り返り、⁷あらかじめ日本の謝罪について理解しておこう。

● 考えてみよう

1．「ごめんなさい」はどうしてお客様に対して使わないほうがいいですか。

2．クレームを受けたとき、どのようにすればいいですか。

ケーススタディ

　あなたの会社の始業時刻は9時です。朝、電車が遅れて、会社に9時5分に着きました。今日は9時30分から部の会議があります。こんなとき、あなたなら上司に何と言いますか。

● 読解の表現

❶ ごNスルなさる 🔲

尊敬語。この形式は「Nスル」動詞にのみ使う。

Respectful form. This form can only be used with "Nスル" verbs.
尊敬语。这种形式只用于"Nスル"动词。
Tôn kính ngữ. Hình thức này chỉ dùng cho động từ "Nスル".

① 社長がご執筆なさった自伝が来月発売されることになった。

② 取引先のAさんがご到着なさいました。

❷ Vマスようがない／ようもない

「Vしたいと思っても、する方法がない」という意味。

Means "even though I want to V, there is no way of doing it."
意思是"即使想做V也没办法做"。
Mang ý nghĩa "dẫu có muốn làm hành động V thì cũng không có cách làm".

① 10年前に買ったパソコンだから、故障したら直しようがない。

② アポイントが取れないのですから、交渉しようもありません。

❸ さて 接

話題を転換するときに使う。

Used to change the subject of a conversation.
用于转换话题时。
Sử dụng khi chuyển chủ đề.

① 現在の売り上げの報告は以上です。さて、店舗の拡大について検討を始めたいと思います。ご意見、お願いいたします。

②【手紙】拝啓　時下ますます御清祥のこととお慶び申し上げます。平素より格別のお引き立てを賜り厚く御礼申し上げます。

さて、この度、当社では新たに工場を建設することになりました。

❹ どんなNであっても／どんなN（＋助詞）も

Nに左右されないで後ろで述べる内容が成り立つことを表す。

Indicates that the second part of the sentence will take place, regardless of N.
表示不受N左右，后面所述内容成立。
Diễn tả việc nội dung bày tỏ phía sau được thành lập mà không bị ảnh hưởng bởi N.

① 景気がどんな状況であっても、会社は利益を上げなければならない。

② 仕事をしていると苦しいときもあると思いますが、どんなときでも一生懸命努力することが大切です。

❺ ～はともかく（として） 参考 ～。それはともかく（として）、～。

接続 N ＋ はともかく（として）
　　　Ｖル ＋ Ｖナイ ＋ はともかく（として）

～は考えないで、それに関連するほかのことを話題として提示するときに使う。

Used to indicate a relevant topic, without considering ~.
用于不考虑~，而把与其相关的其他内容作为话题提及时。
Sử dụng khi trình bày một chủ đề khác liên quan đến ~ mà không suy nghĩ về ~.

① Ａ社の商品は値段の高さはともかく機能が優れているから、Ａ社と新しく取引を開始

　しよう。

② 契約をするしないはともかくとして、一度、話を聞いてみる価値はありそうだ。

❻ Ｖル上で 🔖

「～を行う場合」という意味。

Means "in the case of doing ~."
意思是"进行~的场合"。
Mang ý nghĩa "trường hợp tiến hành ~".

① 日本企業で働く上で、敬語を適切に使用することはとても重要なことです。

② クレームに対応する上で注意すべき点は、感情的にならないこと、相手の立場に立っ

　て考えることである。

❼ あらかじめ 副

「何かをする前に」という意味。「事前に」「前もって」より改まった言葉。

Means "before doing something." A more formal version of "事前に (beforehand)" and "前もって (in advance)."
意思是"在作某事之前"。比"事前に（事前）""前もって（事先）"更为郑重的用语。
Mang ý nghĩa "trước khi làm gì đó". Trịnh trọng hơn "事前に (trước)" "前もって (trước)".

① 社内のIT研修に参加する人は、あらかじめ上司に言うことになっている。

② 一度お支払いいただいた会費は返金いたしませんので、あらかじめご了承ください。

会 話

会話 1 自分から謝罪する 09

【朝、タインさんが会社に行く途中、電車が止まってしまった。駅のホームで会社に電話をかける。】

タイン：課長、おはようございます。あの、**すみません**。電車が止まってしまいまして……。今渋谷駅で、これから地下鉄に乗り換えて向かいますが、20分ほど遅れてしまうかもしれません。

高島：そうですか、分かりました。気を付けて来てください。

タイン：はい。失礼します。

・・・・・・・・

【タインさんは結局、会社に10分遅れて到着した。着いてすぐに課長の席に行く。】

タイン：課長、おはようございます。**遅れて、申し訳ありません**。

高島：**いえいえ**。大変でしたね。事故ですか。

タイン：信号のトラブルだそうです。**明日からはもっと時間に余裕を持って来るようにします**。

高島：ええ。そのほうが安心ですね。

タイン：**すみませんでした**。

会話 2 相手からの問い合わせで間違いに気付き、謝罪する 10

【王さんは、取引先に見積書を送った。取引先の山本課長から電話がかかってきた。】

王：はい、東京商事営業部、王でございます。

山本：浪速物産営業部の山本でございます。いつもお世話になっております。

王：あ、山本課長。こちらこそいつもお世話になっております。

山本：先ほど御見積書が届きまして……。合計金額が合わないようなんですが……。

王：**申し訳ございません**。ただ今確認いたしますので少々お待ちいただけますでしょうか。

・・・・・・・・

王：お待たせいたしました。**大変申し訳ございません**。最新のものではないものをお送りしてしまったようです。至急、新しいものをお送りいたしますので、そちらの御

見積書^{みつもりしょ}は破棄^{はき}していただけないでしょうか。

山本^{やまもと}：はい、承知^{しょうち}しました。

王^{おう}：今後、このようなことがないよう十分^{じゅうぶん}気^きを付^つけます。ご迷惑^{めいわく}をおかけして申^{もう}し訳^{わけ}ございませんでした。

／ ポイント ／

自分^{じぶん}のミスはもちろん、電車^{でんしゃ}の事故^{じこ}など自分^{じぶん}に責任^{せきにん}がないことでも、相手^{あいて}に迷惑^{めいわく}をかけた場合^{ばあい}はまず謝罪^{しゃざい}します。そして、今後、同^{おな}じようなことがないように対応策^{たいおうさく}があれば話^{はな}し、その後^ごでもう一度^{いちど}謝罪^{しゃざい}します。丁寧^{ていねい}な謝罪^{しゃざい}がまず必要^{ひつよう}です。

You should apologize for causing an inconvenience to another person when you make a mistake, but also if the inconvenience was caused by something out of your control, such as a being late due to a train accident. And you should convey any plans you have to avoid a repeat of that mistake, and then apologize again. You must first apologize politely.

自己的失误自不必说，即使是自己没有责任的电车事故等，在给对方造成麻烦时首先要赔礼道歉。如果有今后不再发生同样事情的相应措施，要讲给对方听，并再一次赔礼道歉。首先要有礼貌地进行赔礼道歉。

Trường hợp gây phiền phức cho đối phương, trước tiên phải xin lỗi mặc dù lỗi đó do tai nạn tàu hỏa v.v.. mà mình không có trách nhiệm hoặc lỗi đó do mình gây ra. Sau đó đưa ra cách giải quyết để không có chuyện như vậy lặp lại, xin lỗi một lần nữa. trước tiên là cần xin lỗi một cách lịch sự.

■ **会話^{かいわ}の流^{なが}れ**

会話1 **自分^{じぶん}から謝罪^{しゃざい}する**

（会社^{かいしゃ}に到着^{とうちゃく}した後^{あと}）

1 声^{こえ}をかけ、謝罪^{しゃざい}する

Speak to the other person and apologize.
搭话，赔礼道歉。
Bắt chuyện, xin lỗi.

A

2 謝罪^{しゃざい}を受^うける

Receive an apology.
接受赔礼道歉。
Chấp nhận lời xin lỗi.

B

3 今後^{こんご}どうするか伝^{つた}える

Explain what you will do from now on.
告诉对方今后准备怎么办。
Truyền đạt lại lần sau thì như thế nào.

A

4 もう一度^{いちど}謝罪^{しゃざい}し、話^{はなし}を終^おえる

Apologize again and end the conversation.
再一次赔礼道歉，结束对话。
Xin lỗi một lần nữa, kết thúc hội thoại.

A

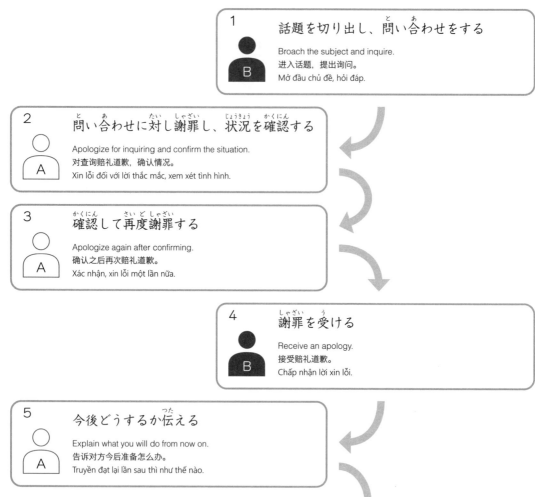

1 話題を切り出し、問い合わせをする

Broach the subject and inquire.
进入话题，提出询问。
Mở đầu chủ đề, hỏi đáp.

2 問い合わせに対し謝罪し、状況を確認する

Apologize for inquiring and confirm the situation.
对查询赔礼道歉，确认情况。
Xin lỗi đối với lời thắc mắc, xem xét tình hình.

3 確認して再度謝罪する

Apologize again after confirming.
确认之后再次赔礼道歉。
Xác nhận, xin lỗi một lần nữa.

4 謝罪を受ける

Receive an apology.
接受赔礼道歉。
Chấp nhận lời xin lỗi.

5 今後どうするか伝える

Explain what you will do from now on.
告诉对方今后准备怎么办。
Truyền đạt lại lần sau thì như thế nào.

6 もう一度謝罪し、話を終える

Apologize again and end the conversation.
再一次赔礼道歉，结束对话。
Xin lỗi một lần nữa, kết thúc hội thoại.

● 会話の表現

① 謝罪をする

[仕事の大きいミスなど]

(〜て、) │ (大変) 申し訳ございませんでした。／申し訳ございません。　　↑ より丁寧
　　　　 │ 申し訳ありませんでした。／申し訳ありません。

[小さいミスや誰かとぶつかったときなど]

(大変) 失礼いたしました。／ (大変) 失礼しました。　　↑ より丁寧

すみませんでした。／すみません。

✕　ごめんなさい。

※「申し訳ありませんでした。」「申し訳ございませんでした。」「すみませんでした。」
　は迷惑をかけた事態が収拾した後に用いる。

"申し訳ありませんでした。(I am truly sorry)", "申し訳ございませんでした。(I am terribly sorry)", "すみませんでした。(I am sorry)"
can be used after you have resolved a situation that caused inconvenience.
"申し訳ありませんでした。(实在对不起)" "申し訳ございませんでした。(真对不起)" "すみませんでした。(对不起)"用于在收拾
了给人造成麻烦的事态之后时。
"申し訳ありませんでした。(Tôi rất xin lỗi)" "申し訳ございませんでした。(Tôi thành thật xin lỗi)" "すみませんでした。(Tôi xin lỗi)" dùng
sau khi đã giải quyết xong hoàn toàn tình trạng làm phiền với đối phương.

例1)【打ち合わせの時間に遅刻して到着し、すぐに謝る。】

私：遅くなりまして／遅れまして、(大変) 申し訳ございません。

例2)【打ち合わせの後、帰るときに】

私：本日は遅刻して、(大変) 申し訳ございませんでした。

例3)【上司に仕事のミスを注意されて謝罪する。】

上司：このグラフ、データが間違ってるよ。

　私：(大変) 失礼いたしました。／ (大変) 失礼しました。すぐに直します。

② 今後どうするか伝える

今後、このようなことがないよう十分気を付けます。

次からは／明日からは／これからは〜ようにいたします／します。

例)【先輩に個人情報の扱いについて注意されて謝罪する。】

先輩：個人情報が書いてある紙はごみ箱に入れるんじゃなくて、シュレッダーにかけないと

　　　だめですよ。

私：はい、すみません。次からはそのようにします。

❸ 謝罪を受ける

いえいえ、 ｜ 〜。
いいえ、 ｜ こちらこそ（申し訳ございません／申し訳ございませんでした）。

※謝罪を受けたとき、「いえいえ。」などと言って、自分は気にしていないということを
　伝え、相手の気持ちを楽にするように言葉をかける。

When you receive an apology, you should use wording that shows you are not bothered and that will put the other person's mind at ease, such as "いえいえ。(that's alright)."

接受赔礼道歉时，回应说 "いえいえ。(不、不。)" 等，表达自己并不介意的心情，并让对方感到心里轻松。

Khi nhận lời xin lỗi, thì nói "いえいえ。(không có gì.)" v.v.v..., truyền đạt là mình không để bụng chuyện đó, dùng những từ ngữ cho đối phương cảm thấy thoải mái.

例）【電話で／取引先の人に書類を送ってもらったが、足りない書類があった。】

取引先：では、すぐに書類をお送りします。ご迷惑をおかけし申し訳ございません。

私：いいえ、お手数をおかけしますが、よろしくお願いします。

●練習しよう1
❶ 謝罪をする

例）【取引先の人に／商品の発送が遅れたことを連絡するときに謝罪する。】

遅れた → 遅れまして、（誠に）申し訳ございません。

（1）（大変）申し訳ございません／（大変）申し訳ございませんでした

① 【課長に／担当の取引先からクレームがあり、課長が対応してくれた。対応が終わった後
　に謝罪する。】

　迷惑をかけた → ＿＿＿＿＿＿＿＿＿＿＿＿＿＿＿＿＿＿＿＿＿＿＿

② 【課長に／データを間違えて、削除したことを指摘された。指摘されたときに謝罪する。】

　データを削除してしまった → ＿＿＿＿＿＿＿＿＿＿＿＿＿＿＿＿＿＿＿

（2）申し訳ありません／申し訳ありませんでした

① 【先輩に／待ち合わせで先輩に会ったとき／場所が分からなくて遅刻してしまった。】

　待たせた → ＿＿＿＿＿＿＿＿＿＿＿＿＿＿＿＿＿＿＿＿＿＿＿

② 【会議の出席者に／プレゼンの最後に／プレゼン中、プロジェクターが映らなくなり、中
　断した。】

　お見苦しい点があった → ＿＿＿＿＿＿＿＿＿＿＿＿＿＿＿＿＿＿＿

（3）（大変）失礼いたしました／（大変）失礼しました

① 【ほかの人が使っている会議室のドアを間違えて開けてしまった。】

→ _____

② 【出席者に／会議で説明中に／配布した資料に誤字があることに気付いた。】

→ 資料にある「タイショウ」に漢字の誤りがございます。_____

❷ 謝罪をする＋今後どうするか伝える

例）【上司に／出勤後すぐ／朝、遅刻をしてしまった。】

→ （誠に）申し訳ございませんでした。今後このようなことがないよう、十分気を付け

ます。

① 【上司に／終業時刻の前／スケジュールをうまく管理できず、今日までの仕事が終わらな

かった。】

→ [1] _____

次からは [2] _____

② 【課長に／会議が終わった後／会議の資料のデータに間違いがあった。】

→ [1] _____

今後は [2] _____

❸ 謝罪を受ける

例）【外出先で／取引先の人が待ち合わせの時間に遅れてきた。】

取引先：遅れて申し訳ございません。

私：いえいえ。こちらこそお忙しいところお時間をいただいてありがとうございま

す。

① 【電話で／取引先の人に／取引先の人が送ってきた書類に間違いがあった。】

取引先：（誠に）申し訳ございませんでした。すぐに修正してお送りいたします。

私：_____

● 練習しよう2

例)【電話で／客からの電話に謝罪する。】

客：昨日、メールで送ってもらった請求書ですが、見積もりと金額が違うんですが……。

私：<u>申し訳ございません。すぐに確認いたしまして、ご連絡いたします。</u>

客：はい、よろしくお願いします。

私：<u>誠に申し訳ございません。</u>

① 【電話で／客からの電話の問い合わせに謝罪する。】

客：本日、品物が到着したんですが、10個発注したのに5個しか届いてないんですが……。

私：[1]_____

客：分かりました。

私：[2]_____

② 【会議室で／会議の資料を自分のデスクに忘れてきてしまった。】

私：[1]_____

先輩：会議の開始まで5分しかないから、急いでね。

私：[2]_____

③ 【会社で／現在夕方5時／午前中の客との打ち合わせが無事に終わったとまだ報告していなかった。】

課長：Bさん、今朝のP社との打ち合わせはどうだったの？

私：[1]_____

課長：今度から、結果は、なるべくすぐ報告してくださいね。

私：[2]_____

●ロールプレイ

①

役割：社員Ａ　　　　　　　　3-1 相手：先輩Ｂ 状況：Ｂさんに、見積書を作成するのに必要な資料を借りました。作業をしているときにうっかりコーヒーをこぼして資料を汚してしまいました。 タスク：Ｂさんに謝りに行ってください。	役割：先輩Ｂ　　　　　　　　3-1 相手：社員Ａ 状況：朝、Ａさんに見積書を書くための資料がないかと聞かれたので、貸しました。 タスク：Ａさんが書類を返しに来るので、話を聞いて答えてください。

②

役割：社員Ａ（東京商事営業部）　　3-2 相手：社員Ｂ（大阪商会東京支社営業部） 状況：先週から毎日とても忙しいです。そこに、Ｂさんから電話がかかってきました。先週、Ｂさんからカタログを送ってほしいというメールが来ていたので、カタログを封筒に入れたことは覚えています。 タスク：Ｂさんからの電話を受けて、話を聞いてください。そのとき、机の上からＢさん宛ての封筒が見つかりますので対応してください。	役割：社員Ｂ （大阪商会東京支社営業部）　　3-2 相手：社員Ａ（東京商事営業部） 状況：先週、Ａさんに新しいカタログを送ってほしいとメールを送りましたが、１週間たっても届かないので電話してみることにしました。 タスク：Ａさんに問い合わせをし、話を聞いて答えてください。

3
謝罪

役割：社員A（東京商事営業部）　　3-α	役割：社員B　　　　　　　　　　3-α
相手：社員B（大阪商会東京支社営業部）	（大阪商会東京支社営業部）
状況：先輩Cさんは、今外出しており、2時間後に会社に戻ってくる予定です。Cさんの外出中に、Cさんが担当する大阪商会のBさんから電話がかかってきます。	相手：社員A（東京商事営業部）
	状況：東京商事から納品された商品の中に不良品があり、担当のCさんにメールを送った後で、電話もかけることにしました。
タスク：Bさんの話を聞いて対応してください。	タスク：Aさんに事情を話し、Aさんの話を聞いて答えてください。

44

まとめ

▶ できるようになりましたか。

1. 謝るときの表現を覚えて滑らかに言うことができる。 ☐ ☐ ☐ ☐

2. 相手や場面によって、謝るときの表現を使い分けることができる。 ☐ ☐ ☐ ☐

3. 謝るだけでなく、今後どうするかについても伝えることができる。 ☐ ☐ ☐ ☐

▶ ポイント

・ミスをしたとき、まず丁寧に謝罪する。
・対応した後に、もう一度謝罪する。
・言葉での丁寧な謝罪がまず必要である。
・謝ることで、悪くなった人間関係を元の状態に戻し、良い人間関係を続けようとすることが多い。

● もっと考えてみよう

ケーススタディ

あなたは飲食店の店員です。お客さんが怒った顔であなたのところに来たので話を聞きましたが、相手がどのようなことに対して不満なのかがよく分かりません。そのため、本当にあなたやあなたのお店が悪いのかどうかも、分からない状態です。こんなとき、あなたならどうしますか。

感　謝

┃はじめに

　ビジネスの世界では、上司や同僚に仕事で助けてもらったり、取引先の人にお世話になったりしたときなど、感謝の気持ちを表すことが多いです。

　日本語での特徴的なお礼の言い方を身に付けましょう。

┃読解 🎧11

　日本の会社では、お客様と電話で話したり、直接会って話したりするとき、まず、「いつもお世話になっております。」という挨拶をよくする。「お世話になっております」は「お世話になり、ありがとうございます」という意味の感謝の言葉であり、これをお互いに言うことで、気持ちよく仕事を始めることができる。

　直接会って話すときであれば、仕事の話をする前に、「本日はお忙しいところ、ありがとうございます。」や「¹わざわざお越しいただきありがとうございます。」と自分のために時間を割いてくれたことや訪ねてくれたことに対して、感謝の言葉を相手に伝える。

　そして、仕事の話が終わったら、「本日はお忙しいところ、ありがとうございました。」と感謝の言葉を述べ、相手の感謝の言葉に対しては「こちらこそわざわざお越しいただきありがとうございました。」とお互いにお礼を言って、会話を終える。

　また、日本の社会では一つのことに対して感謝の言葉を二度言うことが多い。一度目はその場で、二度目は次に会ったときである。例えば、ある人がご馳走してくれたとする。食事が終わったときにもちろん「ご馳走になり、ありがとうございました。」とお礼を言う。そして、翌日や次にその人に会ったときに、「昨日は（先日は）ご馳走になりまして、ありがとうございました。」と二度目のお礼を言う。

　このように、感謝の言葉を重ねることで、良い人間関係を築いていこうとしている。反対にそうしないと、²人間関係上問題が起きてしまうこともある。例えば、ご馳走した相手から二度目のお礼を言われなかったら、「ご馳走したけど満足しなかったのかな。」と不安な気持ちになったり、「礼儀を知らない人だ」と相手を悪く思ったりする人もいる。また、世話になった人に直接二度目のお礼が言えないときには、お礼状を出したり、お礼のメールを

送ったりすることが多い。³**それゆえ**、もしお礼状やお礼のメールを送らなければ、「世話になっているのに、礼状一つ送ってこない」などと相手の気分を⁴**害してしまいかねない**。

　良い人間関係を作るための感謝の言葉も、お互いの文化に理解がないとマイナスに働くことがある。例えば、お礼は一度だけという文化がある。その文化を持つ人にお礼を二度も言うと、相手に心の距離を感じさせたり、「また何かしてほしいと考えているのだろう」と思わせ、⁵**かえって**嫌な気持ちにさせてしまったりすることもある。感謝の表現はどの言語にもあるだろうが、いつ、どんな場面でそれを使うかは⁶**必ずしも同じではない**。その文化の違いを、文化が違う人同士で良い関係を作るために覚えておく⁷**必要があるのではないだろうか**。

●考えてみよう

1．「お世話になっております。」という言葉にはどのような意味がありますか。
2．感謝の言葉を繰り返したり、二度言ったりするのはなぜですか。

ケーススタディ

　今日は新しい取引先と初めての打ち合わせです。会議室の席に着く前に、取引先の人から「皆さんで召し上がってください。」とお菓子を渡されました。こんなとき、あなたならどうしますか。

● 読解の表現

1 わざわざ 副

何かのついででではなく、そのためだけに行うことを表す。

Indicates that something is not done while doing something else, and that it is done for a single purpose.
表示并不是顺便，而是特意在做这件事。
Diễn tả việc không phải nhân tiện mà chính vì nó mà tiến hành.

① 今日は、わざわざお越しいただき、ありがとうございます。

② お忙しい中、わざわざお時間を取っていただき、ありがとうございます。

2 N上

「Nの面で」「Nの見地から」という意味。

Means "based on N" or "from N's perspective."
意思是 "在N方面" "从N的立场看"。
Mang ý nghĩa "về mặt N", "về quan điểm N".

① 挨拶をしないことで、人間関係上問題が起こる場合もある。

② 仕事上で得た情報を個人的に利用してはいけない。

3 それゆえ 接

前の文の結果として、後ろの文を述べる。「だから」「そのため」という意味。

Means "therefore." Indicates that the following sentence is a result of the prior sentence.
因此。在后面的句子叙述作为前面句子的结果。
Vì vậy. Dựa vào kết quả của câu văn phía trước, trình bày câu văn phía sau.

① 文化や習慣は国によって違う。それゆえ、異文化の相手とビジネスを成功させるのは簡単ではない。

② 営業には唯一の答えなどない。それゆえ、自分で考える必要があるのだ。

4 Vマスかねない

「良くないことになる可能性がある。」という意味。心配なときに使う。

Means that a negative event may take place. Used to express concern.
意思是 "有可能产生不好的结果"。用于担心时。
Mang ý nghĩa "có thể xảy ra điều không tốt". Sử dụng khi lo lắng.

① 商品の保証についての説明で曖昧な表現を用いると、お客様の誤解を招きかねないので注意してください。

② コンプライアンスに対する社員の意識の低さは、会社の将来を左右しかねない重大な問題だ。

5 かえって 副

「(予想とは) 反対に／逆に」という意味。

Means that what took place was opposite (to expectations).
意思是 "（与预想）相反，反而"。
Mang ý nghĩa "ngược lại, trái lại (với dự đoán)".

① 高価な贈り物はかえって気を遣わせてしまうこともある。

② 食事の席で遠慮しすぎるのはかえって失礼になります。

6 必ずしも～ない 副

「いつも～ではない、違う場合もある」「必ず～というわけではない」という意味。

Means "~ may not always be so" or "~ may not happen that way for certain."
意思是 "并非总是～，也有不同的情况" "未必就是～"。
Mang ý nghĩa "không phải～ lúc nào cũng, cũng có trường hợp khác", "chắc chắn～ không có nghĩa là".

① 高価な贈り物が必ずしも喜ばれるわけではない。

② 入社後に研修がありますから、入社の際には専門的な知識は必ずしも必要ありません。

7 [普通形] のではないか／のではないだろうか

※ Na ダ →な　N ダ →な

「～可能性がある」と意見や主張を相手にやわらかく伝えるときに使う。

Used when you wish to gently convey your opinion to another person saying "it is possible that ~ could happen."
用于婉转地向对方表达 "有可能会～" 这样的意见或主张时。
Sử dụng khi truyền đạt ý kiến một cách nhẹ nhàng với đối phương, mang ý nghĩa "có khả năng ~".

① よく売れている商品を低価格にすれば売り上げが伸びるのではないか。

② 顧客のニーズを把握するのが重要なのではないだろうか。

会話

会話 1 | 感謝する① (一日の中で謝辞を述べる場合) 🎧12

【東京商事本社でセミナーを開催する。タインさんがセミナーの講師である九州物産の戸田部長を出迎える。】

タイン：本日は私どものセミナーの講師を引き受けてくださり、誠にありがとうございます。

戸田：いいえ、こちらこそ貴重な機会をいただき、ありがとうございます。

タイン：控室はこちらでございます。時間になりましたらお迎えに参りますので、こちらでお待ちください。

戸田：はい、ありがとうございます。

・・・・・・・・

【セミナーが終わって、会社の玄関で挨拶をする。】

タイン：本日はわざわざお越しくださり、ありがとうございました。

戸田：いいえ、こちらこそ、ありがとうございました。

会話 2 | 感謝する② (後日もう一度謝辞を述べる場合) 🎧13

【浪速物産の山本課長が来社し、王さんに挨拶をしている。】

山本：王さん、こちら、少しですが皆さんで召し上がってください。

王：お気遣いいただいてすみません。ありがとうございます。

・・・・・・・・

【数日後、王さんは山本課長に仕事の電話をかける。】

王：お世話になっております。東京商事の王と申します。

山本：あ、王さん、山本です。こちらこそお世話になっております。

王：先日はおいしいお菓子をいただき、ありがとうございました。

山本：いえいえ。

╲ ポイント ╱

ほかの人に何かをしてもらった場合には感謝を述べます。そして、別れ際や次に会ったときにももう一度感謝を述べます。

You should always express gratitude when another person has done something for you. And when you part ways with, or next meet that person, you should convey your thanks once again.

在请求别人为自己作了某事时要表示感谢。而且，在告别和下次再见时还要再一次表示感谢。

Bày tỏ sự cảm ơn trong trường hợp người khác làm gì đó cho mình. Bày tỏ sự cảm ơn một lần nữa khi tạm biệt hoặc gặp lại lần sau.

●会話の流れ

会話1 感謝する①（一日の中で謝辞を述べる場合）

1

感謝の言葉を述べる

Express your gratitude.
表示感谢。
Bày tỏ sự cảm ơn.

2

相手からの感謝の言葉を受けて、
感謝を述べる

Receive thanks from someone, and then express your gratitude.
在对方向自己表示感谢后，也要向对方致谢。
Nhận lời cảm ơn từ đối phương, bày tỏ sự cảm ơn.

3

別れ際にもう一度感謝する

When you part ways, express your gratitude again.
告别时再次表示感谢。
Khi tạm biệt, cảm ơn một lần nữa.

会話2 感謝する②（後日もう一度謝辞を述べる場合）

1

感謝の言葉を述べる

Express your gratitude.
表示感谢。
Bày tỏ sự cảm ơn.

2

（次に会ったとき）もう一度感謝する

(When you next meet that person) express your gratitude again.
（下次再见时）再一次表示感谢。
(Lần sau gặp lại) cảm ơn một lần nữa.

3

感謝の言葉を受ける

Receive thanks from the other person.
受到对方感谢。
Nhận lời cảm ơn.

● 会話の表現

❶ 感謝する

～いただきまして、／～くださいまして、／
物 をいただきまして、

～いただき、／～くださり、／物 をいただき、

～いただいて、／～くださって、／
物 をいただいて、

より
丁寧

↑

誠に
ありがとうございました。／
ありがとうございます。

※「お世話になる」

お世話になりまして

お世話になり

お世話になって

↑　より丁寧

例1)【アナウンス】

本日はお忙しい中、当社の新商品発表会にお越しいただき、誠にありがとうございます。

例2)【取引先の人が来社した。】

私：本日はお忙しいところ、わざわざお越しくださり、ありがとうございます。

❷ 感謝を受ける

いえいえ、　｜　～。
いいえ、　　｜　こちらこそ、～。

※自分も相手に感謝したいときは「こちらこそ、ありがとうございます。／ありがとう
ございました。」と言う。

When you wish to convey your gratitude to the other person as well, say "こちらこそ、ありがとうございます。／ありがとうございました。(Oh no, thank you)."
自己也想向对方表示感谢时，回应说 "こちらこそ、ありがとうございます。／ありがとうございました。(倒是我要感谢您呢)"。
Khi mình cũng muốn cảm ơn đối phương thì nói "こちらこそ、ありがとうございます。／ありがとうございました。(Tôi cũng vậy, cảm ơn)".

例)【打ち合わせのために取引先を訪問した。】

取引先：本日はわざわざ弊社にお越しくださり、ありがとうございます。

私：いいえ、こちらこそ、お時間を割いていただき、ありがとうございます。

●練習しよう1

1 感謝する

例)【取引先の人に空港まで迎えに来てもらった。】

迎えに来る → <u>わざわざ迎えに来ていただき、ありがとうございます。</u>

① 【取引先の人に／工場を案内してもらった。】

案内する → _____

② 【先輩に／仕事を教えてもらった。】

仕事を教える → _____

2 感謝を受ける

例)【電話で／先日、取引先の山本課長にお土産をさしあげた。】

タイン：はい、東京商事のタインでございます。

山本：お世話になっております。浪速物産の山本です。タインさん、先日はおいしい

　　　お菓子を（いただき、）ありがとうございました。

タイン：<u>いえいえ、ほんの気持ちですので、お気になさらないでください。</u>

① 【会社で／九州物産の新商品開発に協力したお礼に、九州物産の戸田部長が来社した。】

戸田：例の新商品、いよいよ来月、発売されることになりましたのでご挨拶に参りました。この度は新商品の開発にご協力いただきまして、誠にありがとうございました。

私：_____

② 【取引先で／会社から東西貿易へ打ち合わせに来た。】

加山：本日はお忙しいところお越しいただき、ありがとうございます。

私：_____

● 練習しよう 2

例) 【取引先の浪速物産の山本課長に招待され、浪速物産のセミナーに参加した。】

山本：本日はお忙しいところ私どものセミナーにご参加くださりありがとうございます。

私：<u>いいえ、こちらこそ、ご招待いただきありがとうございます。</u>

・・・・・・・・・・・

(セミナー終了後)

山本：本日はありがとうございました。今後ともどうぞよろしくお願いします。

私：<u>いいえ、こちらこそご招待いただきありがとうございました。今後ともどうぞよ</u>
<u>ろしくお願いいたします。</u>

① 【取引先の人が福岡から打ち合わせのために東京に来てくれた。】

私：お忙しいところ、わざわざお越しくださりありがとうございます。本日はどう
ぞよろしくお願いいたします。

取引先：いいえ。こちらこそよろしくお願いいたします。

・・・・・・・・・・・

(打ち合わせ終了後)

私：＿＿＿＿＿＿＿＿＿＿＿＿＿＿＿＿＿＿＿＿＿＿＿＿＿＿＿＿＿＿＿＿＿

② 【新製品の説明をしに取引先を訪れた。説明が終わり、これから帰る。】

私：[1]＿＿＿＿＿＿＿＿＿＿＿＿＿＿＿＿＿＿＿＿＿＿＿＿＿＿＿＿＿＿＿＿

取引先：いいえ、こちらこそ、ありがとうございました。

・・・・・・・・・・・

(数日後、仕事の電話をする)

私：お世話になっております。

[2]＿＿＿＿＿＿＿＿＿＿＿＿＿＿＿＿＿＿＿＿＿＿＿＿＿＿＿＿＿＿＿＿

●ロールプレイ

①

役割：社員A　　　　　　　　4-1 相手：先輩B 状況：Bさんと出張に行きました。初めての出張で分からないことも多かったのですが、Bさんにいろいろ教えてもらいました。出張の帰り、駅で別れます。 タスク：Bさんに感謝の気持ちを伝えてください。	役割：先輩B　　　　　　　　4-1 相手：社員A 状況：Aさんと出張に行きました。Aさんは今回が初めての出張だったので、教えることも多かったです。出張の帰り、駅で別れます。 タスク：Aさんの話を聞いて答えてください。

②

役割：社員A　　　　　　　　4-2 相手：先輩B 状況：Bさんはよく面倒を見てくれる先輩です。昨日の終業後、Bさんに誘われて飲みに行き、おごってもらいました。 タスク：次の日、出社してBさんのデスクへ行き、お礼を言ってください。	役割：先輩B　　　　　　　　4-2 相手：社員A 状況：昨日の終業後、Aさんを飲みに誘いました。それほど高い金額ではなかったので、Aさんの分も払いました。 タスク：出社しデスクに着くと、Aさんが来ます。話を聞いて答えてください。

4

感
謝

役割：社員A 4-α 相手：先輩B 状況：お世話になったBさんが異動する 　　　ことになりました。最後の日、B 　　　さんが挨拶をしています。入社し 　　　てからとてもお世話になったの 　　　で、思い出すと涙が出てきます。 タスク：挨拶の番が回ってきたので、Bさ 　　　んとの思い出を具体的に言いなが 　　　ら感謝を述べてください。	役割：先輩B 4-α 相手：社員A 状況：異動することになり、今日は最後 　　　の日です。同僚たちに挨拶をした 　　　後で、同僚たちも一人ずつ挨拶し 　　　てくれています。そして次は入社 　　　時から面倒を見てきた後輩のAさ 　　　んの番です。Aさんは泣いていま 　　　す。 タスク：Aさんの話を聞いて答えてくださ 　　　い。

┃まとめ

▶ できるようになりましたか。

<table>
<tr><td></td><td>できる</td><td>なんとか
できる</td><td>あまり
できない</td><td>できない</td></tr>
<tr><td>1. 感謝するときの表現を覚えて滑らかに言うことができる。</td><td>□</td><td>□</td><td>□</td><td>□</td></tr>
<tr><td>2. 場面によって、感謝するときの表現を使い分けることができる。</td><td>□</td><td>□</td><td>□</td><td>□</td></tr>
<tr><td>3. 感謝されたときに適切な表現を使って受け答えすることができる。</td><td>□</td><td>□</td><td>□</td><td>□</td></tr>
</table>

▶ ポイント

・仕事の話をする前、仕事の話をした後に感謝の言葉を言うことが多い。

・日本では一つのことに対して感謝の言葉を二度相手に言う（一度目はその場で、二度目は別れ際や次に会ったとき）。

● もっと考えてみよう

ケーススタディ

　最近よく、ある企業からあなたに営業の電話がかかってきます。自分の業務にはあまり関係がなく、興味がありませんが、何度も電話が来るので話を聞くことにしました。今日、その企業の人が来ます。その人が来たときと帰るときに、あなたなら何と言いますか。

第5課

自己紹介・他者紹介

はじめに

　仕事をしていると、新しい出会いがたくさんあります。初めて会った相手と良い関係を築くには、名前を言うだけでいいでしょうか。

　また、自己紹介は誰から始めてもいいというわけではありません。紹介の順番にも注意しましょう。

読解 🎧14

　日本の会社では、4月から翌年3月までの1年間を年度と呼ぶ。4月の年度初めは入社をする時期で、3月の年度末は人事異動の発表がある月である。

　[1]社内および社外で多くの人と出会う4月は、新たな人脈を作る、すなわち知り合いを増やすいい機会である。ビジネスパーソンとしては、このような機会を[2]逃すわけにはいかない。積極的に人脈を広げていくことは、多くの協力者を作ることにつながるからである。社内に人脈を持っていると、様々な情報を早く手に入れることができ、仕事について数多くのアドバイスをしてもらうことができる。また、社外の人脈からは新たなビジネスチャンスが[3]生まれてくるものである。ビジネスにおいて人脈は宝であり、豊かな人脈が作れるということは重要な能力の一つであると言える。

　では、初対面の人に自己紹介をした後、話が続かず気まずい雰囲気になってしまったらどうすればいいだろうか。

　このようなときは親しくない人と話すときでも問題のない話題をいくつか出して、その中から話が展開できるようにするといい。最も多く語られる話題は、天気や季節についてである。「今日は暑いですね。」「このごろずいぶん寒くなってきましたね。」「雨ばかりで嫌になりますね。」など、気温や天気の話題は日常の挨拶の中にもよく現れる。季節の話題としては、春には桜への関心は非常に高く、ニュースや天気予報で連日開花予想や開花した桜、花見の様子などが報道される。また、日本では2月から5月ごろにかけて杉の花粉が飛び、花粉症の症状に悩まされる人が多い。花粉症

になると鼻水やくしゃみが止まらず、目がとてもかゆくなる。天気予報では年が明けると、花粉の飛ぶ量を予想する花粉情報の提供が始まり、花粉症の季節になると、「今日は花粉が多く飛んでいるようですね。」などと花粉に関する話題も日々の会話によく出てくるようになる。季節や天気に関する話題は、誰もが関心があり相手が誰であっても語れるため、初対面の人との会話でもよく⁴**話されるわけだ**。そのほかには、最近のニュース、住んでいる場所、出身地、趣味などの話題がある。その中で相手との共通点が見つかれば、話が弾み、親しさも増すだろう。

では、避けたほうがいい話題とは何か。年齢、収入、結婚しているかどうか、家族構成、政治的立場、宗教など、相手のプライベートに関わるものが挙げられるだろう。日本人は親しい人を「ウチ」、そうでない人を「ソト」と区別する傾向があるが、「ソト」の人にはプライベートな話はあまりしないものである。初対面の人は「ソト」の人であることは⁵**言うまでもない**。プライベートな話題は何度か会って⁶**親しくなっていく中**で語られるものである。ただ、親しくなった後でも全員とこのようなプライベートな話題について⁷**話せるとは限らない**。そのような内容について相手に質問したとき、相手が言いたくないようであれば、その話題についてはそれ以上触れるべきではない。相手の様子を見ながら話題を選ぶということが重要である。

自己紹介の後の話は言ってみれば雑談である。ただ、雑談だからといって、相手のことを考えずに自分が好きな話題を選んでいたら、良い人間関係は築けないだろう。この雑談から人脈が生まれ、その人脈に自身を成長させ、自身のビジネスを発展させる力があるのだ。雑談はそのような力を自分のものにするチャンスであることを覚えておくべきである。

●考えてみよう

1. 人脈を持つことにはどのようなメリットがありますか。
2. 初対面の人との会話で話が続かなくなった場合、どのような話題について話すといいですか。

ケーススタディ

あなたは新しい取引先の担当者に会って打ち合わせをします。受付で担当者と自己紹介をした後、会議室に行く途中、あなたならどのような話をしますか。また、どのように話題を出しますか。具体的に考えてみましょう。

●読解の表現

1 N1 および N2 〔名〕〔接〕

「N1 と N2」という意味。

① 今年３回目となるこのイベントは、来場者数および売り上げが増加しており、今後の伸びが期待される。

② 新人研修では、報告書、企画書およびビジネスメール作成の基本的な研修も行う。

2 V ［普通形（現在）］わけにはいかない

一般常識や経験などから考えて、「～ことはできない」ということを伝えるときに使う。

Used to convey that "it is not possible to do ~" based on common sense or experience.
用于表达从一般常识和经验等来考虑，"不能～"这样的主张时。
Sử dụng để truyền đạt rằng "không thể làm ~" dựa vào kinh nghiệm và kiến thức thường ngày.

① これは会社の情報だから、いくら友達でも社外の人に話すわけにはいかないよ。

② 上司がおいしいと勧めてくれた料理だから、おいしいと言わないわけにはいかない。

3 ～ものだ

接続	V ［普通形（現在）］ ＋ ものだ
	Aイ ＋ ものだ
	Naナ ＋ ものだ

「常識的に考えて当然だ」ということや「本来そうあって当然だ」という気持ちを表す。

Indicates that "~ is obvious based on common sense," or that "~ should normally be a certain way."
表示"按一般常识来考虑这是理所当然的"、"本来就应该是那样的"这样的心情。
Diễn tả tâm trạng về "cơ bản là đương nhiên" hoặc "suy nghĩ theo lẽ thường là đương nhiên".

① ベテランの社員でも仕事の失敗はあるものだ。

② 敬語を正しく使うことは、日本人でも難しいものです。

4 ［普通形］わけだ　※ Na ダ→な・である　N ダ→な・である・の

前で述べた事実や状況を受けて、～という結論を出し、納得する気持ちを表す。

Indicates a conclusion (~) that was stated, and accepted, after understanding a fact or situation that was previously expressed.
表示对前面所述事实和状况得出～这样的结论，并予以理解的心情。
Ghi nhận trạng thái và sự việc đã trình bày trước đó đưa ra kết luận～ và đồng ý.

① 先月の売り上げが５千万、経費が４千万ですから、利益は１千万というわけだ。

② A：彼は日本文化に詳しいですね。

　　B：日本の大学院で日本文化を研究していたそうですよ。

　　A：ああ、それで詳しいわけですね。

❺ Ｖルまでもない

「わざわざ〜する必要はない」という意味。

Means "there was no need to go to the trouble of doing."
意思是"不必特意去做〜"。
Mang ý nghĩa "không cần thiết phải~ cất công như vậy".

① Ａ：その件ですが、私がＡ社に行って説明してきましょうか。

　　Ｂ：電話で済む話だから、わざわざ行くまでもないよ。

② 会社で働く上で、チームワークが大切だということは言うまでもない。

❻ ［普通形（現在）］中（で）　　※Ｎａ ダ→な　Ｎ ダ→の

後ろで述べる行為が行われる状況を表す。

Indicates a certain situation in which an action in the following sentence/statement took place.
表示后面句子所述行为实施的状况。
Diễn tả tình huống mà hành động diễn ra được mô tả ở phía sau.

① 消費者の好みや価値観が多様化する中で、各企業はヒット商品を生み出そうと努力し

　ている。

② 本日は雨の中、当社主催のセミナーにご参加くださいまして誠にありがとうございま

　す。

❼ ［普通形］とは限らない

「常に／全て〜とは言えない」という意味。例外もあると示すときに使う。

Means "it cannot be said that ~ is always so/is everything." Used to express that there are exceptions to a situation/rule.
意思是"不能说是经常、全都〜"。用于表示也有例外时。
Mang ý nghĩa "không thể nói rằng ~ tất cả/thường". Sử dụng để chỉ ra rằng có ngoại lệ.

① 一流大学を卒業しても、一流企業に就職できるとは限らない。

② 今の時代は価格が安いからといって、必ずしも品質が悪いとは限らない。

会話

会話 1 自己紹介（じこしょうかい） 15

【王さんが、取引先（とりひきさき）の九州物産東京支店（きゅうしゅうぶっさんとうきょうしてん）で、担当者（たんとうしゃ）の戸田部長（とだぶちょう）に自己紹介（じこしょうかい）をする。】

王（おう）：東京商事（とうきょうしょうじ）の王（おう）と申（もう）します。どうぞよろしくお願（ねが）いいた

します。

戸田（とだ）：戸田（とだ）と申（もう）します。こちらこそよろしくお願（ねが）いいたしま

す。

会話 2 他者紹介①（たしゃしょうかい）（社内（しゃない）の人同士（ひとどうし）を紹介（しょうかい）する） 16

【本社（ほんしゃ）の高島課長（たかしまかちょう）が大阪支社（おおさかししゃ）の中村課長（なかむらかちょう）に部下（ぶか）の王（おう）さんを紹介（しょうかい）する。】

高島（たかしま）：（中村課長（なかむらかちょう）に向（む）かって）こちらは、うちの課（か）の王（おう）さんです。

（王（おう）さんに向（む）かって）こちらは、大阪支社営業部（おおさかししゃえいぎょうぶ）の中村（なかむら）

課長（かちょう）です。

王（おう）：王（おう）です。よろしくお願（ねが）いいたします。

中村（なかむら）：中村（なかむら）です。よろしくお願（ねが）いいたします。

会話 3 他者紹介②（たしゃしょうかい）（社外（しゃがい）の人（ひと）に社内（しゃない）の人（ひと）を紹介（しょうかい）する） 17

【タインさんが九州物産（きゅうしゅうぶっさん）の戸田部長（とだぶちょう）に上司（じょうし）の高島課長（たかしまかちょう）を紹介（しょうかい）する。】

タイン：（戸田部長（とだぶちょう）に向（む）かって）こちらは、私（わたくし）どもの課長（かちょう）の

高島（たかしま）でございます。

（高島課長（たかしまかちょう）に向（む）かって）こちらは、ご担当（たんとう）の戸田部長（とだぶちょう）

です。

高島（たかしま）：高島（たかしま）でございます。よろしくお願（ねが）いいたします。

戸田（とだ）：戸田（とだ）でございます。こちらこそよろしくお願（ねが）いいたします。

【王さんと戸田部長が自己紹介をした後、戸田部長が王さんを
会議室へ案内している。】

王：最近、すっかり暑くなりましたね。

戸田：そうですね。梅雨明けしてすぐ暑くなりましたね。今
年の夏も暑くなりそうですね。

ポイント

1. 自己紹介をするときは、相手が聞き取れるように、ゆっくり、はっきりと話します。

> When introducing yourself, you should speak slowly and clearly so that the other person can understand you.
> 自我介绍时，为了让对方听清楚，说得要慢，要清晰。
> Khi giới thiệu bản thân, nói chậm, rõ ràng cho đối phương nghe thấy.

2. 自己紹介のときの順番（①→②）に気を付けます。

> Be aware of the order (①→②) when introducing yourself.
> 要注意自我介绍时的先后顺序（①→②）。
> Chú ý thứ tự (①→②) khi giới thiệu bản thân.

| ① | → | ② |
| | | |

立場低　立場高

訪問した人　訪問された人

3. 他者紹介のときの順番（①→②）に気を付けます。

> Be aware of the order (①→②) when introducing another person.
> 要注意介绍别人时的先后顺序（①→②）。
> Chú ý thứ tự (①→②) khi giới thiệu người khác.

| ① | → | ② |
| | | |

役職下　役職上

社内の人　社外の人

●やってみよう

ここは東京商事営業部です。自己紹介・他者紹介の順番を考えてみましょう。

（1）

タイン	山本
東京商事 営業部営業一課	浪速物産 営業部営業課　課長

（2）

王（紹介者）	キム	中村
東京商事東京本社 営業部営業一課	東京商事東京本社 営業部営業一課	東京商事大阪支社 営業部営業課　課長

（3）

タイン	チャイ（紹介者）	吉田
東京商事 営業部営業一課	大阪商会 営業部営業課	大阪商会 営業部営業課　課長

●会話の表現

❶ 自己紹介

（私、）［会社名・部署名］の［名前］と申します／でございます／です。

（どうぞ）よろしくお願いいたします。

※先に相手が自己紹介をした場合、「こちらこそよろしくお願いいたします。」と言って
　もよい。

例）【他部署の人に会って自己紹介をする。】

私：私、営業部のグエン・ミン・タインと申します。よろしくお願いいたします。

❷ 他者紹介

> | 社内の人へ | こちらは、[所属] ／うちの [名前] さん／ [名前] [役職名] です。 |
> | 社外の人へ | こちらは、私どもの [役職名] の [名前] でございます。 |

例1）【社内で第二営業部にいる先輩の鈴木さんに、第一営業部の同僚田中さんを紹介する。】

私：こちらは第一営業部の／うちの部の田中さんです。

例2）【続けて、第二営業部にいる先輩の鈴木さんを第一営業部の同僚田中さんに紹介する。】

私：こちらは第二営業部の鈴木さんです。

例3）【社外の人に、自社の課長を紹介する。】

私：こちらは私どもの課長の高島でございます。　×高島課長、高島さん

❸ 雑談をする

> ～です／ますね。　　～です／ますよね。
>
> ～んですよ／か。
>
> ※雑談の内容（例）
> ・季節　　・天気　　・最近のニュース　・住んでいる場所　・出身地
> ・趣味　　・持ち物　・交通手段　　　　・相手の会社や仕事　・予定　　など

例1）【取引先を訪問し、担当の人と自己紹介をした後、取引先のビルについて話す。】

私：こちらのビルは駅から本当に近いですよね。

例2）【取引先の人が来社し、自己紹介をした後、ここまでの交通手段について話す。】

私：本日は電車でいらっしゃったんですか。

④ 雑談を受ける

> そうですね。
>
> そうなんですよ／か。
>
> ～ですか／ますか／んですか。（相手が言ったことを繰り返す）

例1）【社内で他部署の先輩と自己紹介をした後、利き手の話をする。】

先輩：山川さんって、左利きなんだね。

山川：そうなんですよ。ボールを投げるのだけなぜか右なんですが、それ以外は全部左なん
　　　です。

例2）【取引先の人と自己紹介をした後、自社の課長の話をする。】

取引先：実は、人事部の北村課長とは、高校の同級生なんです。

　私：あ、高校の同級生でいらっしゃいますか。存じ上げませんでした。

●練習しよう1

① 自己紹介

例）【社外で取引先の担当者に自己紹介をする。】

　東京商事・営業部・王静

　→ 東京商事営業部の王静と申します。よろしくお願いいたします。

① 【社内で他部署の先輩に自己紹介をする。】

　［あなたの所属・あなたの名前］ → ＿＿＿＿＿＿＿＿＿＿＿＿＿＿＿＿＿＿

② 他者紹介

例）【営業部のタインさんが、人事部の北村課長に自分の部署の王さんを紹介する。】

　（北村課長に向かって）営業部・王 → こちらはうちの部の王さんです。

　（王さんに向かって）人事部・課長・北村 → こちらは人事部の北村課長です。

① 【人事部の加藤さんが、営業部の高島課長に自分の部署の泉さんを紹介する。】

　（高島課長に向かって）人事部・泉 → [1]

　（泉さんに向かって）営業部・課長・高島 → [2]

② 【大阪商会のチャイさんが、中華物産の徐部長に、自分の会社の斉藤主任を紹介する。】

　（徐部長に向かって）私ども・主任・斉藤 → [1]

　（斉藤主任に向かって）中華物産・部長・徐 → [2]

❸ 雑談をする

例)【取引先の人と自己紹介をした後、最近の気温について話す。】

最近寒くなってきた → <u>最近寒くなってきましたね。</u>

① 【取引先の人と自己紹介をした後、桜の開花について話す。】

今週桜が満開らしい → _____

② 【他部署の先輩と自己紹介した後、出身地について聞く。】

出身はどこか → _____

❹ 雑談を受ける

例)【取引先の人と自己紹介をした後、ここまでの交通手段を聞く。】

私：こちらへは電車で……？

取引先：ええ、丸ノ内線で。

私：あ、<u>丸ノ内線</u>ですか。私も普段は丸ノ内線を使ってるんですよ。

（相手の言葉を繰り返す）

① 【取引先で担当の人と自己紹介をした後、最近の天気について話す。】

取引先：雨が続きますね。

私：_____ 湿度が高いと、疲れやすいですね。

② 【取引先の人と自己紹介をした後、今朝の通勤の話になった。】

取引先：今朝は電車が止まって大変でしたね。私は最寄り駅で1時間も待ちましたよ。

私：え、_____ それは大変でしたね。

（相手の言葉を繰り返す）

● 練習しよう2

例)【あなたは今日、九州物産を訪れ、担当の戸田部長に初めて会う。】

私：東京商事の ［名前］ と申します。どうぞよろしくお願いいたします。

戸田：九州物産の戸田と申します。こちらこそよろしくお願いいたします。

私：今日は暑いですよね。

戸田：そうですね。もうすっかり夏ですね。

私：福岡も暑いんですか。

戸田：ええ、福岡も暑いですよ。

①【あなたが働く東京商事に、浪速物産の山本課長が訪ねてきた。】

山本：浪速物産の山本と申します。どうぞよろしくお願いいたします。

私：[1]＿＿＿＿＿＿＿＿＿＿＿＿＿＿＿＿＿＿＿＿＿＿＿＿＿

山本：御社のビルはとてもきれいですね。最近できたんですか。

私：[2]＿＿＿＿＿＿＿＿＿＿＿ 去年できて、移転してきたんです。

山本：あ、去年なんですね。きれいな建物で働けるのはいいですよね。

私：[3]＿＿＿＿＿＿＿＿＿＿＿＿＿＿＿＿＿＿＿＿＿＿＿＿＿

②【東京商事で働くあなたは、同僚の山田さんと、取引先の札幌興産第一営業部の林部長を
訪ねた。林部長に山田さんを、山田さんに林部長を紹介した後、連休中どこかに行った
か聞く。】

私：(林部長に向かって) [1]＿＿＿＿＿＿＿＿＿＿＿＿＿＿＿＿＿＿

　　(山田さんに向かって) [2]＿＿＿＿＿＿＿＿＿＿＿＿＿＿＿＿

山田：山田です。どうぞよろしくお願いいたします。

林：林です。こちらこそよろしくお願いいたします。

私：[3]＿＿＿＿＿＿＿＿＿＿＿＿＿＿＿＿＿＿＿＿＿＿＿＿＿

林：私は沖縄に行ってきました。

私：[4]＿＿＿＿＿＿＿＿＿＿＿＿＿＿＿＿＿＿＿＿＿＿＿＿＿

　　(相手の言葉を繰り返す)

林：ええ、水族館に行ったりして、とても楽しめました。

●ロールプレイ　　ジェスチャーをつけながら練習しましょう。

①

役割：社員A（東京商事営業部）　　5-1	役割：社員B　　5-1
相手：社員B（大阪商会東京支社営業部） 状況：先週、アポイントを取り、今、大阪商会の東京支社を訪問しています。約束をしたBさんには今日初めて会います。 タスク：自己紹介をしてください。	（大阪商会東京支社営業部） 相手：社員A（東京商事営業部） 状況：Aさんと今日会う約束をしました。もうすぐ着く時間です。Aさんとは今日初めて会います。 タスク：自己紹介をして、その後で、季節や天気について雑談を始めてください。

②

役割：社員A　　5-2 （東京本社営業部）	役割：社員B　　5-2 （大阪支社営業部）	役割：課長C　　5-2 （大阪支社営業部）
相手：社員B・課長C （大阪支社営業部） 状況：大阪支社を初めて訪問しています。Bさんと自己紹介をした後で、C課長を紹介してもらいます。 タスク：自己紹介をしてください。その後でBさんにC課長を紹介してもらい、3人で雑談をしてください。	相手：社員A （東京本社営業部） 課長C （大阪支社営業部） 状況：東京本社のAさんが訪ねてきます。Aさんとは初めて会います。C課長にAさんをC課長の席に案内するように指示されています。 タスク：自己紹介をしてください。その後C課長の席に行ってAさんを紹介し、3人で雑談をしてください。	相手：社員A （東京本社営業部） 社員B （大阪支社営業部） 状況：東京本社のAさんが訪ねてきます。Bさんが対応し、その後で紹介してもらうことになっています。Aさんとは初めて会います。 タスク：BさんがAさんを連れてきますので挨拶をして、その後で、3人で雑談をしてください。

役割：社員A　　　　5-α （東京商事営業部） 相手：社員B・部長C （大阪商会営業部） 状況：大阪商会に着きました。担当のBさんにC部長を紹介してもらうことになっています。 タスク：BさんにC部長を紹介してもらってください。その後3人で雑談をしてください。	役割：社員B　　　　5-α （大阪商会営業部） 相手：社員A （東京商事営業部） 部長C （大阪商会営業部） 状況：Aさんが訪ねてきます。AさんとC部長は初めて会います。C部長と受付に向かいます。 タスク：AさんにC部長を紹介してください。その後3人で雑談を始めてください。	役割：部長C　　　　5-α （大阪商会営業部） 相手：社員A （東京商事営業部） 社員B （大阪商会営業部） 状況：今日はAさんが挨拶をしに訪ねてきます。担当のBさんとロビーに向かいます。 タスク：Aさんと挨拶をして、その後、3人で雑談をしてください。

▌まとめ

▶ できるようになりましたか。

	できる	なんとかできる	あまりできない	できない
1. 初対面の相手と会ったときの自己紹介の表現を覚えて滑らかに言うことができる。	☐	☐	☐	☐
2. 他者を紹介するときの表現を使って、他社の人に自社の人を、自社の人に他社の人を、紹介することができる。	☐	☐	☐	☐
3. 自己紹介・他者紹介をするときの順番を理解して行うことができる。	☐	☐	☐	☐
4. 自己紹介や他者紹介の後に、雑談をするときの表現を使って、適切な話題で初対面の人と話すことができる。	☐	☐	☐	☐

▶ ポイント

・初対面の人との会話は人脈を作るチャンスである。社内外で人脈が広げられる力はビジネスにおける重要な能力の一つである。

・人脈作りのためには、自己紹介や他者紹介の後の雑談が大事。初対面の人と話しても問題のない話題を準備しておくとよい。

・自己紹介のときも他者紹介のときも、誰から紹介をするか、順番に気を付ける。

● もっと考えてみよう

ケーススタディ

　あなたは打ち合わせのため取引先に来ています。相手は、もう何度も会っている人です。雑談の中で、相手から「そちらの年収はどのぐらいですか。」と質問されて困っています。こんなとき、あなたならどうしますか。

挨　拶

はじめに

挨拶は社会人の基本と言われています。場面によって様々な挨拶がありますが、どんなときにどのように挨拶をすればいいか学びましょう。

読解 🎧19

会社では形の決まった挨拶をする。会社に着いたときには「おはようございます。」、外出をするときには「行ってきます。／行ってまいります。」、お客様には「お世話になっております。」、「こちらこそお世話になっております。」というような挨拶である。なぜこのような形の決まった挨拶を毎日するのだろうか。これらの挨拶が[1]**形式的なものにすぎない**のなら、挨拶を[2]**いちいち**するよりも仕事に集中したほうがずっといいと言えるのではないか。仕事の効率から考えたら、形式的な挨拶は[3]**時間の無駄遣いにほかならない**からだ。にもかかわらず、わざわざ挨拶をするのは、挨拶に大きな意味があるからである。新入社員研修の内容にも「挨拶」は必ず入っており、挨拶は[4]**ただ言えばいいというものではなく**、明るい声で元気よく[5]**気持ちをこめて**、相手にきちんと聞こえるようにすることが大切であると教えられる。このような挨拶は「気持ちのいい挨拶」と言われ、場を明るくし、相手をいい気分にさせ、人間関係をより良くすると教えられる。「気持ちのいい挨拶」をお互いにすれば、お互いが気分良く仕事を進められるのだ。こ

れと反対の挨拶はどうだろうか。もし、訪問先の会社で社員が相手にきちんと聞こえない声で挨拶をしていたら、「あそこの社員は挨拶一つできない」と言われ、その会社全体の評価も悪くなるだろう。社内でも社外でも、良い人間関係ができてからでないとビジネスは始まらない。ビジネスは挨拶に始まり挨拶に終わると言ってもよいだろう。

さて、[6]**挨拶の言い方とともに**重要なのがお辞儀である。挨拶のときに握手をする文化とお辞儀をする文化がある。日本は後者であり、お辞儀をしない挨拶は良い挨拶ではないと考える人も多い。日本では、子供のときからお辞儀をする文化の中で育ち、会社に入ると研修でさらに教育を受ける。例えば、お辞儀のタイミング、お辞儀の動作、お辞儀の種類など、事細かに指導される。お辞儀のタイミングは「語先後礼」、つまり挨拶の言葉を先に言い、その後にお辞儀をする。動作は、相手と目を合わせ、背筋を伸ばした姿勢からゆっくりと腰

を曲げる。男性は手をまっすぐ伸ばし体の脇に付けるが、女性は前で手を重ね合わせる。視線は頭を下げるときには外し、頭を上げたら再度相手の目を見る。お辞儀の種類は「会釈」、「敬礼」、「最敬礼」の３種類あり、それぞれ腰を曲げる角度が15度、30度、45度とされ、角度が大きくなると敬意も高くなる。

このように、[7]社会人になってまでお辞儀のし方を教えられるわけである。日本では、電話をしているときに目の前に相手がいないのにお辞儀をしている人を見かけることがある。また、外国人が初めて会った日本人に手を差し出したとき、その手を握り何度も頭を下げる人もいる。挨拶の言葉を言うと、何も考えなくても体が動いてしまうのである。握手をする文化の人から見ると、この行動は不思議に感じられるようだ。

　お辞儀も握手もどちらも挨拶とともに人間関係を良くするものである。大切なのは、お互いの文化を理解し、そのまま認めることである。そして、相手が嫌な気持ちにならないような挨拶をお互いにすることではないだろうか。

6
挨
拶

●考えてみよう

1．日本の職場では、いつも同じような決まった挨拶がされていますが、それはなぜですか。
2．「気持ちのいい挨拶」とは、どのようなものですか。

ケーススタディ

　あなたは日本の会社で働き始めた新入社員です。研修のときに「必ず挨拶をしてください。」と言われました。しかし、実際に働き始めると、上司も先輩もとても忙しそうで、挨拶をしたら迷惑なのではないかと思っています。こんなとき、あなたならどうしますか。

● 読解の表現

1 ～にすぎない 👔

接続 ［普通形］ ＋ にすぎない
※ Na ダ→である　N ダ→である
N　　　　　 ＋ にすぎない

程度が軽度であることを表す。対象を軽視する感情を含む場合もある。

Indicates that something only holds a minor meaning. Can also include the sentiment that you are making light of the subject.
表示程度较轻。有时也包含有轻视对象的情绪。
Diễn tả mức độ nhẹ. Cũng có thể bao gồm cảm xúc xem nhẹ đối tượng.

① 不景気が続く中で、売り上げを毎年 10％伸ばすという目標は理想にすぎない。

② 新人のビジネスパーソンは、個人の信用はまだなく会社の信用で営業しているにすぎない。

2 いちいち 副

「一つ一つ細かく」という意味。「煩わしい、面倒だ」という気持ちを含む。

Indicates that details are being examined one by one. Includes the sentiment that you find the topic "difficult or bothersome."
表示 "一一仔细地"。包含有觉得 "烦琐、麻烦" 的情绪。
Mang ý nghĩa "kỹ càng từng cái một". Bao gồm cả cảm xúc "phiền phức, phiền toái".

① お客様はサービスに不満を感じても、その苦情をいちいち言ってこない。何も言わずに利用しなくなるものだ。

② 上司からいちいち仕事の指示をされてから動く社員ではなく、自分からやるべきことを見つけて積極的に仕事をする社員が望まれる。

3 ～にほかならない 👔

接続 N　　　　　　　 ＋ にほかならない
［普通形］から ＋ にほかならない
　　 ※理由

「N 以外のものや、～以外の理由ではない」「まさに N や、～の理由だ」という意味。

Means "there is nothing other than N/no other reason except ~" "it is just N/it is just because ~."
意思是 "不是 N 以外的事物，或～以外的理由" "应当是 N, 或～的理由。"
Mang ý nghĩa "không phải ngoài N ra hay không phải ngoài lý do~ đó ra" "chính là N hay chính là lý do~".

① 厳しい経営状態を乗り切ることができたのは、社員全員が努力した結果にほかならない。

② ヒット商品を続けて開発できるのは、お客様のニーズを徹底的に分析しているからにほかならない。

❹ （ただ）〜いいというものではない

接続 　Ｖバ／Ａケレバ　＋　いいというものではない

　　　　Na・Ｎ　＋　なら　＋　いいというものではない

「仮に〜としても、十分ではない」という意味。強く否定する言い方。

Means "even if ~ is fact, it is not enough." A firm way of denying something.
意思是 "就算是〜的话，也并不充分。" 是强烈否定的用法。
Mang ý nghĩa "giả dụ ~ thì cũng không đủ". Cách nói phủ định mạnh.

① 接待のセッティングは、ただ相手が気に入る店を用意すればいいというものではなく、

　相手を楽しませるプランニングも必要だ。

② 商品の価格は安ければいいというものではない。安売りをしなくても満足してもらえ

　る商品を売っている店にお客様は集まってくるものだ。

❺ Ｎをこめて　　　　　　　　　　　　　　　　　参考 　Ｎ1 をこめた Ｎ2

「ある感情や気持ちを入れて」という意味。　　Used to say that a sentiment or emotion was included.
　　　　　　　　　　　　　　　　　　　　　　意思是 "加进某种感情和心情。"
　　　　　　　　　　　　　　　　　　　　　　Mang ý nghĩa "thêm vào cảm xúc, cảm tình vào".

① お世話になった人に感謝の気持ちをこめてお中元やお歳暮を贈ります。

② お客様に喜んでいただくために心をこめて料理を作るのがプロの料理人の仕事です。

❻ 〜とともに 👔　　　　　　　　　　　　　　参考 　〜。それとともに、〜。

接続 　Ｖル／Ｎ　＋　とともに

「〜と同様に」「〜と一緒に」という意味。　　Means "the same as ~" or "together with ~."
　　　　　　　　　　　　　　　　　　　　　　意思是 "和〜一样" "和〜一起"。
　　　　　　　　　　　　　　　　　　　　　　Mang ý nghĩa "cùng với~", "đồng thời với~".

① 多くの企業では、事業活動を行うとともに社会の発展に貢献する活動を行っている。

② 自動車の開発には性能と安全性の追求とともに環境への配慮が求められる。

❼ 〜まで

接続 　Ｖテ／Ｎ　＋　まで

普通に考えられる程度や範囲を超えていることを表す。

Indicates that something goes beyond common knowledge or a limit.
表示超越一般想象的程度和范围。
Diễn tả việc vượt quá mức độ, phạm vi suy nghĩ bình thường.

① あの企業の株は魅力的だが、大金を払ってまで買おうとは思わない。

② 売り上げが倍増したおかげで、賞与の増額だけでなく新社屋の建設まですることができた。

6

挨
拶

会話

会話1 社内での日常の挨拶

1)【王さんが取引先を訪問するために外出する。】 🎧20

　　王：では、A社との打ち合わせに行ってまいります。

ほかの社員：行ってらっしゃい。

2)【王さんが外出先から会社に戻ってきた。】 🎧21

　　王：ただいま戻りました。

ほかの社員：お帰りなさい。お疲れ様です。

3)【王さんは仕事を終えて、ほかの社員より先に退社する。】 🎧22

　　王：では、お先に失礼します。

ほかの社員：お疲れ様でした。

会話2 社外の人との挨拶

1)【タインさんは展示会で取引先の山本課長と会ったので挨拶をする。】 🎧23

タイン：山本課長、いつもお世話になっております。東京商事のタインです。

　山本：あ、タインさん、こちらこそいつもお世話になっております。

2)【タインさんは展示会で取引先の山本課長と別れるので挨拶をする。】 🎧24

タイン：では、失礼いたします。今後ともよろしくお願い

　　　　いたします。

　山本：こちらこそよろしくお願いいたします。

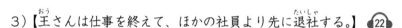

会話3 異動の場面での挨拶 🎧25

【キムさんは転勤することになったのでほかの社員の前で挨拶をする。】

　　キム：皆さん、今までお世話になりました。どうも

　　　　　ありがとうございました。どうぞお元気で。

ほかの社員：キムさんもお元気で。

ポイント

・相手の目を見て、心をこめて挨拶をします。

Look the other person in the eye, and greet them with all your heart.
看着对方的眼睛，诚心诚意地问候对方。
Nhìn vào mắt đối phương, chào hỏi bằng cả tấm lòng.

・挨拶の言葉を言った後に、お辞儀をします。

When you have finished your greeting, bow to the other person.
寒暄之后，鞠躬行礼。
Sau khi chào hỏi, cúi chào.

・お辞儀は始めと終わりに相手の目を見ます。

Look the other person in the eye before and after bowing.
鞠躬行礼开始和结束时，要看着对方的眼睛。
Khi bắt đầu và kết thúc cúi chào, nhìn vào mắt đối phương.

・お辞儀の角度は場面や相手への敬意、気持ちの深さで決まります。

The depth of your bow is determined by the setting, or by the depth of your respect or feelings you have for the other person.
鞠躬行礼的角度要根据场面和对对方的敬意、心情的程度决定。
Góc độ cúi chào được quyết định bởi mức độ cảm xúc, thành ý gửi đến đối phương hay trong bối cảnh.

●やってみよう

　ここは東京商事の本社です。あなたは東京商事営業部の社員です。次の場合、どのようなお辞儀が合うでしょうか。「①会釈」「②敬礼」「③最敬礼」のどれをするか考えてみましょう。

（1）廊下を歩いています。向こうから高島課長が歩いてきます。
（2）打ち合わせの後でこれから帰るお客様を会社の玄関で見送ります。
（3）クレームを言いに来たお客様に謝罪した後、玄関で見送ります。
（4）会社のパソコンを壊してしまい、上司に報告して謝ります。
（5）エレベーターを待っていたら、課長が降りてきました。
（6）先輩が残業して仕事を手伝ってくれました。

●会話の表現

① 社内での日常の挨拶

［出社したとき］	［出社した人］	おはようございます。
	［出社した人へ］	おはようございます。
［退社するとき］	［退社する人］	お先に失礼します。
	［退社する人へ］	お疲れ様でした。
［外出するとき］	［外出する人］	（〜に）行ってまいります。
	［外出する人へ］	行ってらっしゃい。

[外出から戻ったとき]　[戻った人]　　ただいま戻りました。

　　　　　　　　　　　[戻った人へ]　　お帰りなさい。／お疲れ様です。

[廊下ですれ違うとき]　　　　　　　　おはようございます。／お疲れ様です。

※午前の早い時間に初めて会ったときは「おはようございます」を使うが、それ以外は
　「お疲れ様です」を使う。

② 社外の人との挨拶

[会ったとき]（いつも）お世話になっております。

[別れるとき]（今後とも）よろしくお願いいたします。

　　　　　　　では、失礼いたします。

例1）【取引先で会議をするため午後2時に訪問し、担当者と会った。】

　私：あ、こんにちは。[所属]の[名前]です。お世話になっております。

担当者：どうも、こんにちは。では、こちらへどうぞ。

例2）【取引先の担当者が会議を終えて帰るときに挨拶をしてきた。】

担当者：本日はありがとうございました。

　私：こちらこそありがとうございました。では、失礼いたします。

③ 異動の場面での挨拶

[現在の部署の社員に挨拶をする]（今まで）お世話になりました。

[新しい部署の社員に挨拶をする]（これから）お世話になります。

例1）【福岡支店から札幌支店に転勤になるので、福岡支店の社員に挨拶をする。】

私：この度、札幌支店に転勤することになりました。今まで、福岡支店では大変お世話にな

　　りました。札幌でも頑張りますので、皆様もどうかお元気で……。

例2）【福岡支店から札幌支店に転勤になり、札幌支店の社員の前で初めて挨拶をする。】

私：初めまして。この度、福岡支店から参りました[名前]と申します。これからこちらで

　　お世話になります。よろしくお願いいたします。

●練習しよう1　　お辞儀も一緒に練習しましょう。

① 社内での日常の挨拶

例）【午後4時／先輩社員が外出先から戻ってきた。】

　　私：お帰りなさい。

①【午前9時／出社した。】

　　私：_____

②【午後6時／先輩社員より先に退社する。】

　　私：_____

③【午後2時／部長と廊下ですれ違う。】

　　私：_____

② 社外の人との挨拶

例）【自社のエレベーターに乗っていたら、取引先のチャイさんがエレベーターに乗ってきた。】

　　私：チャイさん、お世話になっております。

①【展示会で／取引先の戸田部長に会ったので挨拶をする。】

　　私：_____

②【自社のエレベーターで／打ち合わせ終了後、取引先の人が帰るのを見送る。】

　　私：_____

③ 異動の場合の挨拶

例）【福岡支店で／大阪支店から転勤してきた。その初日に福岡支店の社員に挨拶をする。】

　　私：大阪支店より参りました［名前］と申します。これからこちらでお世話になります。

　　　　どうぞよろしくお願いいたします。

①【札幌支店で／東京本社に転勤することになったので、札幌支店の社員に挨拶をする。】

　　私：_____

②【札幌支店で／東京本社から1週間研修でやってきた。札幌支店長に挨拶をする。】

　　私：_____

●ロールプレイ　ジェスチャーを付けながら練習しましょう。

①

役割：社員Ａ　　　　　　　　　　　6-1 相手：課長Ｂ 状況：今、午後３時です。社内の廊下を 　　　歩いていたら、前からＢさんが歩い 　　　てきます。 タスク：Ｂさんに挨拶をしてください。	役割：課長Ｂ　　　　　　　　　　　6-1 相手：社員Ａ 状況：今、午後３時です。社内の廊下を 　　　歩いていたら、前からＡさんが歩い 　　　てきます。 タスク：Ａさんが挨拶をしてきますので答え 　　　てください。

②

役割：課長Ａ（東京商事営業部）　　6-2 相手：課長Ｂ（浪速物産営業部） 状況：業界団体の忘年会に来ました。取引 　　　先の浪速物産のＢさんがいるのに気 　　　付きました。浪速物産は自分の部下 　　　のＣさんが担当しています。 タスク：Ｂさんに挨拶をしてください。	役割：課長Ｂ（浪速物産営業部）　　6-2 相手：課長Ａ（東京商事営業部） 状況：業界団体の忘年会に来ました。取引 　　　先の東京商事のＡさんに声をかけら 　　　れました。担当の東京商事のＣさん 　　　はとても優秀な人だと思っています。 タスク：Ａさんが挨拶をしてきますので、答 　　　えてください。

チャレンジ

役割：社員Ａ（東京商事営業部）　　6-α 相手：課長Ｂ（大阪商会営業部） 状況：東京商事の受付で、Ｂさんを待って 　　　います。 タスク：Ｂさんが来たら挨拶をして、エレ 　　　ベーターで３階の会議室に案内し 　　　てください。 ※エレベーターの乗り方、立つ位置に気を付 けましょう。	役割：課長Ｂ（大阪商会営業部）　　6-α 相手：社員Ａ（東京商事営業部） 状況：東京商事のＡさんと打ち合わせをす 　　　るため、東京商事へ来ました。 タスク：Ａさんに会って挨拶をしてくださ 　　　い。その後、Ａさんに案内しても 　　　らってください。

▌まとめ

▶ できるようになりましたか。

できる　できる　なんとか　できない　あまり　できない　できない

1. 挨拶の表現を覚えていろいろな場面で適切な挨拶をすることが
   できる。　☐　☐　☐　☐

2. 場面によって適切なお辞儀を使い分けることができる。　☐　☐　☐　☐

▶ ポイント

・会社では場面によって挨拶を使い分ける。

・挨拶は決まった言葉ではあるが、明るい声で元気に気持ちをこめて言うことが求められる。これが「気持ちのいい挨拶」であり、ビジネスの場面では大変重要とされている。

・日本では、挨拶をするときはお辞儀もするように教えられてきており、挨拶をすると自然にお辞儀をすることがある。

・挨拶をするとき、お辞儀ではなく握手をする文化もある。自分の文化がどちらであっても、大切なのは相手を理解しようという気持ちを持つことである。

● もっと考えてみよう

> ケーススタディ

　あなたは今日、ほかの部署の部長や課長などが出席する会議に出ます。初対面の人がたくさんいるので、あなたは会議が始まる数分前に、初めて会う人一人一人に明るい声で、元気に気持ちをこめて挨拶をしました。しかし、皆少し困った顔をしています。「気持ちのいい挨拶」をしたのに、あなたは何がいけなかったと思いますか。

誘 い

はじめに

仕事の後、同僚と一緒に遊びに行きたいとき、どのように話しかけますか。また、上司や先輩に飲み会に誘われたらどうしますか。

上手に誘ったり、誘いに答えたりできるようになりましょう。

読解 🎧26

会社の上司や先輩、あるいは同僚から飲み会に誘われることがある。受けるかどうかは[1]**本人次第**だが、このような会社の人からの誘いにどう対応すればいいか悩むこともあるだろう。

上司や先輩が部下を飲み会に誘うのは、一緒にお酒を飲んで交流し、社内の人間関係を良くしたいと思っているからである。この交流は、勤務時間外だが、[2]**仕事の一環**だと言えなくもない。断ると仕事がしにくくなることも[3]**あり得る**。そのため、行きたくなくても[4]**行かざるを得ない**と思って、飲み会に参加する

人もいるようだ。一方で、勤務時間外はプライベートな時間ではあるが、会社の人たちと交流することで、より心理的な距離が縮まると考え、特別な[5]**用事がない限り**、積極的に飲み会に参加する人もいる。

では、誘いを受けたり断ったりするときには、どのような言い方をすればよいだろうか。受けるときは、「いいですね。ぜひご一緒させてください。」などと言って、行く意志をはっきりと示せばよい。一方、断るときは、「行きません。」や「行けません。」などの直接的な断りの表現は[6]**使わないこともない**が、相手に嫌な思いをさせる可能性が高いのであまり使われない。「ありがとうございます。」と言って感謝の気持ちを表したり、「すみません。」と言って謝罪の気持ちを表したりした後に、「今日は用事がありまして……。」と理由を曖昧に言ったり、「今日はちょっと……。」と言ったりする。このような言い方は言いにくいことを言葉ではっきり表現せず、行けないという状況を相手に察してもらおうとしているのだ。そしてその後で、「ぜひまたお声をおかけください。」など、次の相手の誘いに対し積極的に受け入れる気持ちを表す表現を付け加える。

誘いに関連して、日本は「割り勘」の文化があるということも理解しておきたい。「割り

勘」とは「割前勘定」の略で、例えば食事をしたとき、合計の飲食代金を皆で同じ金額に割って支払うことだ。だからといって、おごり、おごられるということもないわけではない。上司などの目上の人が目下の人におごることはよくある。特に会社での役職が[7]高くなるにつれて部下におごる人の割合は増えるようである。また、目上の人が全額出すのではなく目下の人よりも多めに出し、残りの金額を目下の人が支払うこともある。ただ、その場合でも代金を支払う際には、目下の人は割り勘を申し出たり、自分の分を支払おうとしたりするのが普通である。目下の人がそのような行動を取ると、目上の人は「いいよ。」（目下の人は代

金を支払わなくていいという意味）、「ここは私が。」（ここの代金は目上の人が支払うという意味）、「あとはみんなで。」（目上の人が支払った残りの金額を目下の人たち皆で支払ってという意味）などという言葉で多く支払うことを伝える。目下の人は「ありがとうございます。ご馳走様です。」と言って感謝の気持ちを示す。

　誘いに関する言語表現の方法や行動は文化によって異なるが、表現のし方や行動が違っていても、人を誘って飲食を共にする行為の目的は、より良い人間関係を作ることだろう。文化の違いに接したとき、それを不思議に感じることはよくあるが、一歩踏み込んでその文化を理解すると、実はその違いは表面的なものであって、実質的に大きな違いはないことに気付くことがある。このような気付きが多ければ多いほど柔軟に異文化を捉えることができるようになり、文化が異なる相手とも、より良い人間関係が築けるだろう。

●考えてみよう

1. 仕事の後で上司に飲み会に誘われたとき、日本の会社にはどのように考えて参加する人がいますか。

2. 上司と部下数名が一緒に食事をしたときに、飲食代の支払い方にはどのようなケースがありますか。

ケーススタディ

　あなたは今日一日、忙しくてとても疲れました。早く帰って寝たいです。そのとき、上司に「今日はよく頑張ったから、飲みに行こう。」と誘われました。こんなとき、あなたならどうしますか。

● 読解の表現

① N次第

「Nの状況・判断によって決まる／変わる」という意味。

Means "something will be decided/change depending on the situation/decision of N."
意思是 "根据N的状况、判断来决定／变化。"
Có ý nghĩa "thay đổi/ quyết định dựa trên phán đoán・tình huống của N".

① プレゼンテーションが成功するかどうかは事前の準備次第だ。

② 社長の考え次第ではこのプロジェクトは終了する可能性がある。

② Nの一環

N全体の中の一部を表す。

Indicates a single part of the whole of N.
表示N全体中的一部分。
Diễn tả một phần trong toàn bộ N.

① 私が勤めている会社には社員研修の一環として海外での語学留学プログラムがある。

② 明日の商品体験イベントは、新商品発売キャンペーンの一環である。

③ Vマス得る 👔

※ます形・ない形の読み方は「え」のみ（得ます・得ない）。

「～することができる」「～の可能性がある」という意味。

Means "you can do ~" or "~ is possible."
意思是 "可以做～" "有可能～"。
Mang ý nghĩa "~có thể xảy ra", "~có khả năng".

① ビジネスにおける国際的なトラブルは、相手の国の企業文化を理解することで、ある程度回避し得るものである。

② 有能な人材を育成していかなければ、会社の発展はあり得ない。

④ Vナイざるを得ない 👔

※する→せざるを得ない

「（Vすることの）ほかに選択肢／方法がなく、不本意だがVする」という意味。

Means "even though I do not want to, there is no other option/no other way than to do V."
意思是 "除了（V行为）没有其他选择／方法，只好不得已去做。"
Mang ý nghĩa "không còn lựa chọn nào khác, không còn cách nào khác, bất đắc dĩ nhưng phải làm V".

① このまま業績不振が続けば、廃業も検討せざるを得ないだろう。

② 休日の接待ゴルフは行きたくないが、仕事だから行かざるを得ない。

5 [普通形（現在）] 限り

※ Na ダ → な・である　N ダ → である

その限定された範囲や状態では変わらないということを表す。

Indicates that something will not change within a predetermined limit or situation.
表示在其限定的范围和状态下不会发生变化。
Diễn tả trạng thái, phạm vi đã được giới hạn ở mức đó không thay đổi.

① 給料が増えない限り、私の生活水準は良くならないだろう。

② 社員である限り、会社の規則は守らなければならない。

6 ～ないこともない

接続	V ナイ	＋	こともない
	A イ → くない	＋	こともない
	Na・N でない	＋	こともない

「～する可能性がある」「少し～だ」を表す。後ろに「～が」「しかし」などの逆接の表現が続くことが多い。

Indicates that "～ is possible," or "there is a small amount of ～." Often followed by ～が (but) or しかし (however) etc. to connect the next topic.
表示"可能会有～""有点儿～"。其后多接续"～が（不过）""しかし（可是）"等表示转折的用语。
Diễn tả ý nghĩa "có khả năng～", "không hẳn là không～". Đằng sau đó thường gắn thêm "～が (tuy nhiên)" "しかし (nhưng)".

① アウトソーシングは、部として実施できないこともないが、会社が認めるかは分からない。

② この仕事を新入社員に任せるのは心配でないこともないが、担当させてみよう。

7 ～につれて

接続	V ル	＋	につれて
	N	＋	につれて

ある事柄が変化すると、それに関係してほかの事柄にも変化が発生することを表す。

Indicates that when a certain subject changes, a related subject will also change in some way.
表示某一事态一旦发生变化，与其相关的其他事态也随之发生变化。
Diễn tả việc nếu một sự việc thay đổi dẫn đến sự việc khác liên quan đến nó cũng thay đổi.

① 外国人社員が増えるにつれて、外国語を勉強し始める日本人社員も多くなってきた。

② 所得の増加につれて、所得税の税率も高くなる。

会話

会話1 誘う・誘いを受ける① 🎧27

【昼休み。タインさんが王さんに話しかける。】

タイン：王さん、日本の花火大会に行ったことがありますか。

王：いいえ。

タイン：**今度行ってみませんか。**

王：**いいですね、ぜひ。どこの花火大会に行きましょうか。**

タイン：隅田川の花火大会はどうですか。規模も大きいし、歴史もありますから。

王：いいですね。じゃあ、来週の土曜ですね。楽しみにしています。

タイン：はい、じゃあ、来週の土曜日に。

会話2 誘いを受ける② 🎧28

【打ち合わせの後、チャイさんがタインさんを野球に誘う。】

チャイ：明日のプロ野球の試合のチケットがあるんですが……。

タイン：プロ野球ですか。

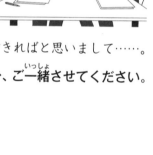

チャイ：ええ、**もしご都合が合えば、ご一緒にいかがですか。**

タイン：いいんですか。でも、ほかにどなたか、野球がお好きな方がいらっしゃるんじゃ……。

チャイ：私も日本に来て野球が好きになったので、ぜひご一緒できればと思いまして……。

タイン：そうなんですか。誘っていただいてうれしいです。**ぜひ、ご一緒させてください。**

チャイ：では、明日、よろしくお願いします。

会話3 誘いを断る 🎧29

【打ち合わせの後、チャイさんが王さんをテニスに誘う。】

チャイ：今度の日曜なんですが、**もしご都合が合えば、テニス、ご一緒にいかがですか。**

王：**ありがとうございます。でも、あいにく今度の日曜日は友人の結婚式がありまして……。**

チャイ：ああ、そうなんですか。

王：**せっかくのお誘いなのに、申し訳ありません。機会があればまた声をかけてください。**

チャイ：ええ、またの機会にご一緒しましょう。

断るときは、相手の気持ちに配慮し、まず感謝や謝罪の言葉を言います。そして、はっきり断るのではなく遠回しに理由を述べることが多いです。最後にまた誘ってもらえるような一言を添えると、気持ちよく会話を終えることができます。誘うときも相手に配慮して誘います。

When refusing another person, you should consider their feelings and first thank them or apologize them. It is then often better to give an indirect reason rather than flatly refusing. Then end the conversation on a positive note, by inviting the other person to ask you again. When inviting another person, be considerate of them.

回绝时，要考虑对方的感受，先表示感谢或道歉。且大多不是直截了当地回绝对方，而是委婉地说出回绝的理由。最后再加上一句，希望下次还能相邀，这样就可以心情舒畅地结束交谈。约别人时，也要考虑对方的情况。

Khi từ chối, nên quan tâm đến cảm xúc của đối phương, trước tiên là nói lời cảm ơn hay lời xin lỗi. Sau đó không từ chối thẳng mà thường giải thích lí do. Có thể kết thúc hội thoại một cách thoải mái bằng cách thêm một câu để đối phương có thể mời bạn một lần nữa. Khi mời thì cũng nên quan tâm đến đối phương.

●会話の流れ

会話1 **誘う・誘いを受ける①**

1 誘うことに関する話をする

A
Talk about the topic you want to invite the other person to.
谈关于邀请的事情。
Nói chuyện liên quan đến việc mời đi chơi.

2 誘う

A
Invite the other person.
邀请。
Mời.

3 誘いを受ける

B
Accept the invitation.
接受邀请。
Chấp nhận lời mời.

4 詳細について話す

A
Talk about the details.
谈细节。
Nói cụ thể.

5 会話を終わらせる

A
End the conversation.
结束对话。
Kết thúc hội thoại.

誘いを受ける②

1 誘う

○
A

Invite the other person.
邀请。
Mời.

2 一度遠慮する

B

Politely decline the offer once.
客气地回绝一次。
Không nhận một lần.

3 もう一度誘う

○
A

Invite the other person again.
再次邀请。
Mời một lần nữa.

4 誘いを受ける

B

Accept the invitation.
接受邀请。
Chấp nhận lời mời.

5 会話を終わらせる

○
A

End the conversation.
结束对话。
Kết thúc hội thoại.

誘_{さそ}いを断_{ことわ}る

1

A

誘_{さそ}う

Invite the other person.
邀请。
Mời.

2

B

誘_{さそ}いに対_{たい}し感謝_{かんしゃ}をしてから、
事情_{じじょう}を話_{はな}し、誘_{さそ}いを断_{ことわ}る

After thanking the other person for inviting you, explain your situation, and then decline the invitation.
对邀请表示感谢后，说明情况，回绝邀请。
Cảm ơn về lời mời, giải thích sự tình, từ chối.

3

B

誘_{さそ}いを断_{ことわ}ったことに対_{たい}して謝罪_{しゃざい}する

Apologize for declining the invitation.
对回绝邀请表示歉意。
Xin lỗi về việc từ chối lời mời.

4

A

会話_{かいわ}を終_おわらせる

End the conversation.
结束对话。
Kết thúc hội thoại.

7

誘
い

●会話の表現

①誘う

> ～ませんか。
>
> ～んですが、（もしご都合が合えば／ご一緒に／一緒に）いかがですか。

例）【会社で／同僚Aさんとランチに行く。同じ部の先輩Bさんに声をかける。】

私：今からAさんとお昼に行くんですが、Bさんもご一緒にいかがですか。

②誘いを受ける

> （ぜひ）～（さ）せていただきます／ご一緒させてください。
>
> いいですね、ぜひ。
>
> ※貴重なことに誘われたときは一度遠慮してから受けることもある。
>
> If you are invited to a valuable event, it is considered polite to decline once before accepting.
> 对于难得的邀请，也有先客气地回绝一次之后再接受的。
> Khi có lời mời quan trọng, có thể từ chối một lần sau đó chấp nhận.

例）【上司との出張先で／市内観光に誘われる。】

上司：この後、ちょっと観光しに市内に出ませんか。

私：いいですね、ぜひご一緒させていただきます。

③詳細を決める　　　参考 2課 ●会話の表現 ③日時・場所を決める

> ～ましょうか。

例）【会社で／先輩と一緒にセミナーに行くことになった。】

私：じゃあ、11時に東京駅の前で会いましょうか。

先輩：分かりました。

90

❹ 誘いを断る

ありがとうございます。 （でも、）せっかくですが、ちょっと……。
申し訳ございません。 （でも、）あいにく～でして／まして／て／で……。
申し訳ありません。 実は～でして／まして／て／で……。
すみません。 ～たいんですが、～でして／まして／て／で……。

機会があればまた誘ってください／声をかけてください。
次の機会にぜひ行かせてください／お願いします。

例1）【会社で／先輩にバーベキューに誘われたが、その日は友達の結婚式がある。】

先輩：今度の週末、多摩川でバーベキューをするんだけど、よかったら一緒にどう？

　私：いいですね。でもすみません、実はその日、友人の結婚式がありまして……。機会が

　　　あればまた誘ってください。

例2）【会社で／同僚にボウリングに誘われたが、最近肩が痛い。】

同僚：今夜、よかったらボウリングに行きませんか。

　私：せっかくなんですが、最近肩が痛くて……。次の機会にぜひ行かせてください。

●練習しよう1

❶ 誘う

例)【会社の先輩を今度の社内カラオケ大会に誘う。】

今度、社内のカラオケ大会に出る → <u>今度、社内のカラオケ大会に出ませんか。</u>

① 【ゴルフ好きの先輩をゴルフに誘う。】

週末、ゴルフに行く → _____

② 【試食会の招待状をもらったので、同僚を誘う。】

あさって、S社の試食会に行く → _____

❷ 誘いを受ける

例)【同僚に誘われる。】

同僚：今度一緒に、社内の卓球大会に出ませんか。

私：<u>いいですね、ぜひ。</u>

① 【上司に誘われる。】

上司：今夜空いていたら、ちょっと飲みに行かない？

私：_____

② 【取引先の人に誘われる。】

取引先：もしご都合が合えば、来月20日、ラグビーの試合を見に行きませんか。

私：_____

❸ 誘いを断る

例)【同僚に誘われる。】

同僚：今度一緒に、社内の卓球大会に出ませんか。

私：その日は予定がある

→ <u>すみません、せっかくですが、その日は予定がありまして……。機会があれば、</u>
<u>また声をかけてください。</u>

① 【上司に誘われる。】

上司：今夜空いていたら、ちょっと飲みに行かない？

私：今日は用事がある

→ _____

●練習しよう 2

❶

例)【同僚をランチに誘う。】

　私：あ、もうお昼ですね。駅前の洋食屋にお昼食べに行きませんか。

　同僚：いいですね。行きましょう。

① 【取引先の人に今度来日する世界的に有名なアーティストのコンサート（S席 12,000 円）
に誘われる。】

　取引先：知り合いからチケットをもらったんですが、[1] ＿＿＿＿＿＿＿＿＿＿＿＿＿

　　私：え、[2] ＿＿＿＿＿＿＿＿＿＿＿＿＿＿＿＿＿＿＿＿＿＿＿＿＿＿＿

　取引先：ええ。実は 3 枚あって。もう一人友達も一緒なんですが、よかったら一緒にい
　　　　かがですか。

　　私：ええ、[3] ＿＿＿＿＿＿＿＿＿＿＿＿＿＿＿＿＿ 楽しみにしています。

❷

例)【同僚の誘いを断る。】

　同僚：この近くにおいしい焼き鳥屋さんがあるんだけど、今晩飲みに行きませんか。

　　私：焼き鳥、いいですね。行きたいんですが、今日はちょっと風邪気味で……。機会
　　　　があればまた誘ってください。

　同僚：そうですか。お大事に。また次の機会に行きましょう。

① 【取引先の人の誘いを断る。】

　取引先：弊社のバスケットボールチームが出場する試合が来週あるんですが、[1] ＿＿＿

　　　　＿＿＿＿＿＿＿＿＿＿＿＿＿＿＿＿＿＿＿＿＿＿＿＿＿＿＿＿＿＿＿＿＿

　　私：[2] ＿＿＿＿＿＿＿＿＿＿＿＿＿＿＿＿＿＿＿＿＿＿＿＿＿＿＿＿＿＿＿

　取引先：そうですか。じゃあ、また次の機会に。

●ロールプレイ

①

<table>
<tr><td>

役割：社員Ａ　　　　　　　　7-1
相手：先輩Ｂ
状況：今週金曜日の夜にＣ町で盆踊り大会があります。一人で行くのは寂しいので、誰かと一緒に行きたいと思っています。

タスク：Ｂさんを誘ってください。

</td><td>

役割：先輩Ｂ　　　　　　　　7-1
相手：社員Ａ
状況：今週金曜日の夜、自分が住んでいるＣ町で盆踊り大会があります。金曜日の夜は特に予定はないので、行ってみようと思っています。

タスク：Ａさんの誘いを受けてください。

</td></tr>
</table>

②

<table>
<tr><td>

役割：課長Ａ　　　　　　　　7-2
相手：社員Ｂ
状況：今週金曜日、終業後にプロジェクトの打ち上げをすることになりました。せっかくの打ち上げだし、特にＢさんは今回初めて参加してよく頑張っていたのでぜひ参加してほしいと思っています。

タスク：Ｂさんを打ち上げに誘ってください。

</td><td>

役割：社員Ｂ　　　　　　　　7-2
相手：課長Ａ
状況：今週金曜日、終業後にプロジェクトの打ち上げがあります。新人として初めて参加したプロジェクトなので参加したほうがいいのですが、その日は半年前から楽しみにしていたアニメイベントがあり、困っています。

タスク：うまく断ってください。

</td></tr>
</table>

チャレンジ

<table>
<tr><td>

役割：社員Ａ（東京商事営業部）　7-α
相手：社員Ｂ（東京商事人事部）
状況：社会人テニスクラブに入っていますが、最近人数も減ってきているので、新しいメンバーを募集しています。昨日、Ｂさんがテニス好きだという噂を聞きました。Ｂさんとは少し面識があります。

タスク：Ｂさんをうまく誘ってください。

</td><td>

役割：社員Ｂ（東京商事人事部）　7-α
相手：社員Ａ（東京商事営業部）
状況：大学生のころ、テニスをやっていましたが、最近全然やっていません。やりたい気持ちはありますが、なかなか機会がありません。今はうまくできないと思います。また、体力にも自信がありません。

タスク：Ａさんが話しかけてきますから、答えてください。

</td></tr>
</table>

■ まとめ

▶ できるようになりましたか。

1. 誰かを誘うときの表現を覚えて、滑らかに言うことができる。　□ □ □ □

2. 誘いを受けるときと断るときの表現を覚えて滑らかに言うこと
ができる。　□ □ □ □

3. 相手を嫌な気持ちにさせずに誘いを断ることができる。　□ □ □ □

4. 会話の流れを意識して、誰かを誘うことができる。　□ □ □ □

▶ ポイント

・仕事が終わってからのお酒の誘いは上司と部下の交流の場になることが多い。

・誘いを断るときは感謝や謝罪の言葉を言った後、理由を遠回しに言って、自分が断って
いることを相手に察してもらう表現をする。

● もっと考えてみよう

ケーススタディ

　役職や先輩、後輩などの上下関係を考えずに楽しく飲んだり食べたりすることを「無礼講」と言います。会社の飲み会で上司が「今日は無礼講だから、上司も部下も関係ないよ。何でも話していいよ。」と言いました。こんなとき、あなたならどうしますか。

指示

はじめに

　上司や先輩に頼まれた仕事をしっかり行うには、相手の指示をきちんと聞いておく必要があります。

　指示を正しく理解するために気を付けることを学びましょう。

読解 🎧30

　会社の業務は全て上司からの指示によって行われる。そのため、その指示が上司から部下へ正しく伝わらないと、それぞれの業務の成果に大きな影響を与えるだけではなく、会社に大きい損害を与える可能性もある。したがって、「指示の受け方」は、新入社員研修の内容に必ず含まれている。

　では、上司からの指示を正しく受けるにはどのようにしたらよいだろうか。まず、上司に呼ばれたら、しっかり返事をして上司のところへ行く。上司が自分のところに指示を伝えに来たときは、立ち上がって指示を聞く。上司の話を座ったまま聞くのは失礼である。そして、指示を聞くときに重要なのは、メモを取りながら聞くことである。メモを取らないと、時間がたつにつれて指示内容のいくつかを忘れてしまうおそれがあり、そのような状態で仕事を行ったら、期待されている成果が出せ

ないだろう。さらに、¹メモを取らなかったばかりに指示を勘違いし、その仕事にかかった時間を無駄にしてしまうかもしれない。²残念なことに、仕事に³慣れるにしたがって、メモを取らずに上司の話を聞くようになる社員もいる。そのような人は、仮に自分の指示の受け方のせいでミスをしたとしたら、どれだけ会社に損害を与える可能性があるかを考えるべきである。メモを取る習慣は、新入社員の間にしっかりと身に付けておきたいものである。

　メモを取るときには、次の5W1Hを意識して書く。

What（何）	：仕事の内容など、話の主題
When（いつ）	：仕事の期限や出来事が起きる日時
Where（どこ）	：仕事を行う場所や出来事が起きる場所
Who（誰）	：仕事や出来事に関係する人物
Why（なぜ）	：仕事の目的や出来事が起こる理由

How（どのように）　　：仕事を行う方法や出来事の解決策

　これらに「How much（いくら）：コストなどお金に関係すること」を加えて、5W2H
とすることもある。上司が話し終わったら、⁴メモをもとに指示内容を復唱して、内容が正
しいかどうか確認する。もし上司の指示内容に、⁵5W2Hのうちその仕事をするのに必要
な情報が足りなければ質問する。また、指示内容について何らかの提案がある場合は、「ご
提案があるんですが、よろしいでしょうか。」と⁶断った上で、自分の考えを伝えるとよい。
もし指示を受けたとき、既に自分の仕事を多く抱えていて、指示された仕事ができそうにな
い場合は、今の自分の仕事内容を上司に伝え、優先順位を付けてもらう。

　ところで、上司の指示通りに仕事を行うのは当然だが、上司から事細かに指示がないと動
けない人たちがいる。彼らは指示された仕事は問題なく行うので、仕事の能力がないわけで
はない。問題なのは、言われたことしかせず、自分で考えて動こうとする主体性がない点で
ある。主体性は、企業が求める人材の要素として⁷企業の規模を問わず高い割合で求められ
ている。単に上司の指示通りの業務をするのではなく、指示を受けた仕事であっても、良い
成果を上げるためにはどうすべきかを自ら考え、積極的に仕事をすることが必要なのであ
る。

●考えてみよう

1．上司の指示を受けるときにメモを取る理由は何ですか。
2．上司の指示を受けるときにどのようにメモを取ったらいいですか。

ケーススタディ

　1時間ほど前に、あなたは上司に「この書類、確認しといて。」と書類を渡されました。
間違いがあってはいけないと思い、数字などを丁寧に確認しています。そこへ上司が来て、
「まだ終わってないの？　いつも通りのものだから、簡単に確認すればいいんだよ。」と言わ
れました。指示を受けたとき、あなたはどうすればよかったと思いますか。

● 読解の表現

❶ ～ばかりに

接続	V［普通形（過去）］ ＋ ばかりに
	A［普通形］ ＋ ばかりに
	Na［普通形］ ＋ ばかりに
	※ Naダ→な・である

～が原因で、よくない結果が生じることを表す。

Indicates that ~ is the cause of a negative result.
表示因～的原因，产生了不好的结果。
Diễn tả việc do nguyên nhân ~ nên sinh ra kết quả không tốt.

① 新人のころ、高級レストランでお得意様との会食に出席した際に、テーブルマナーを知らなかったばかりに恥をかいた。
② 約束を忘れることが多いばかりに、周囲に信用されていない。

❷ ～ことに

接続	Vタ ＋ ことに
	Aイ ＋ ことに
	Naナ ＋ ことに

述べようとすることに対する話し手の感想・気持ちを先に表す。

Indicates the feelings/impression one has towards the statement one is going to make next.
在讲述事情之前，先表达说话者对此的感想和心情。
Trước tiên diễn tả cảm xúc, cảm tưởng của người nói đối với sự việc đang được tường thuật.

① 驚いたことに、最近は会社説明会や入社式に親子で参加することもあるそうだ。
② うれしいことに、座席の予約の都合でエコノミーではなくビジネスクラスの席に座ることができました。

❸ ～にしたがって

接続	Vル ＋ にしたがって
	N ＋ にしたがって

前で述べた事柄の変化や展開と一緒に、後ろの事柄も変化することを表す。

Indicates that the second subject will change together with any changes in the first subject.
表示与前面所述事态的变化和展开一起，后面的事态也随之发生变化。
Diễn tả sự việc thay đổi đằng sau cùng với sự biến đổi hay phát triển của sự được thuật lại đằng trước.

① 円高の進行にしたがって、海外旅行をする人が増えてきた。
② 年功序列賃金制度は、勤務年数が長くなるにしたがって、給料が高くなる制度だ。

98

❹ N をもとに（して）

N1 をもとにした N2

「N を根拠、材料、条件にして」という意味。

Means "using N as the basis, materials, or condition."
意思是 "把 N 作为根据、材料、条件。"
Có nghĩa "lấy N làm căn cứ, điều kiện, nguyên liệu."

① 商品開発部ではより良い商品を提供するために、お客様からのアンケート結果をもとに商品の開発や改良を行っています。

② 調査報告は豊富なデータをもとに行わないと、聞き手を納得させることができない。

❺ N のうち

「ある範囲の中で」という意味。範囲を限定する。

Means "within the limit of N." Used to determine a limit.
意思是 "在某一范围内"。限定范围。
Có nghĩa "trong phạm vi nào đó". Giới hạn phạm vi.

① アンケートにお答えくださった方のうち、抽選で 50 名に図書カードをさしあげます。

② 企業のグローバル化が進むと、社員のうち外国人の占める割合は増えていくでしょう。

❻ ～上（で）

参考 その上で

接続	Vタ ＋ 上（で）
	Nノ ＋ 上（で）

「～という行為を行ってから」という意味。

Means "after performing a specific action(~)."
意思是 "在做了～这一行为之后，再……。"
Có nghĩa "sau khi thực hiện một hành động ~".

① 海外の会社とビジネスを行う場合には、相手国の法律および文化や習慣などを理解した上で行わないと、失敗する可能性が高い。

② 見積書の内容をご確認の上、10 日以内にご返信いただけますと幸いです。

❼ N を問わず

「N を問題にせず」という意味。

Means "taking no notice of N."
意思是 "不把 N 作为问题"。
Có nghĩa "không phải do N".

① 当社のレンタルサーバーサービスは、個人、法人を問わずご利用いただけます。

② お世話になった方には、社内外を問わず感謝の気持ちを早く伝えるといいだろう。

会話

【タインさんが高島課長に呼ばれ、メモ用紙を持って課長の席に来る。】

高島：タインさん、ちょっといい？

タイン：はい、課長。

高島：ちょっと手伝ってほしいことがあるんだけど……。

タイン：はい。

高島：今月の売り上げのデータをまとめてほしいんです。来週の会議で使うので……。

タイン：分かりました。

高島：先月のものを見て、まとめてみて。

タイン：**先月作成したものはどちらにありますでしょうか。**

高島：そのファイルの保存先は、あとでメールしますから。

タイン：ありがとうございます。あの、**いつまでにまとめれ**

ばよろしいでしょうか。

高島：会議は来週の月曜日だから、できれば木曜日までに仕上げてもらえるとありがた

いんだけど……。

タイン：木曜日ですね。承知いたしました。**では、今月の売り上げデータを先月のものと**

同様に作成します。木曜日までに課長にお送りいたします。

高島：お願いします。

ポイント

指示はメモを取りながら聞きます。話を聞いているときは、「はい」としっかり相づち
を打ちましょう。指示は最後まで一通り聞いてから分からないことを質問しましょう。
最後に復唱して、指示されたことについての理解が合っているか確認をします。

Take notes as you receive instructions. When listening to instructions, indicate you are paying attention by saying "はい (yes)"
occasionally. If there is anything you do not understand, ask after hearing the instructions through once. Finally, repeat the instructions,
and express your understanding of them.

边听指示边记录。在听对方讲时，要清晰响亮地说"はい（是）"来随声附和。指示要一直听到最后，有不明白的地方要全部听完之后再提
问。最后复述一遍，确认自己是否理解了指示的内容。

Vừa nghe chỉ thị vừa ghi chép. Khi nghe thì trả lời "はい (Vâng)" rõ ràng. Hãy cùng nghe hết chỉ thị, khi không hiểu thì đợi khi nghe xong hết
chỉ thị rồi hãy đặt câu hỏi. Cuối cùng xác nhận lại xem đã hiểu chỉ thị hay chưa.

●会話の流れ

会話 指示を受ける

1 （指示を聞く）

Listen to the instructions.
听指示。
Nghe chỉ thị.

1 指示を言う

Say the instructions.
做指示。
Nói chỉ thị.

2 分からないところや足りない情報について質問する

Ask questions regarding what you do not understand or about insufficient information.
对没听明白的地方和信息不足之处提问。
Hỏi thông tin những chỗ còn thiếu, chỗ chưa hiểu.

3 復唱する

Repeat the instructions.
复述。
Lặp lại.

●会話の表現

❶ 理解が足りないところや不確かなことを質問する

~ということは~でしょうか。

~ということは~ということでよろしいでしょうか。

~は~でしょうか。

~でよろしいでしょうか。

例1）【会議で使ういすの準備を頼まれた。】

私：人数分ということは、20脚用意するということでよろしいでしょうか。

例2）【会議で使う資料の準備を頼まれた。】

私：印刷はカラーのほうがよろしいでしょうか。

❷ 5W1Hで足りない情報を質問する

> 〜ばよろしいでしょうか。

例1)【会議の資料の準備を頼まれた。】

私：資料は何部印刷すればよろしいでしょうか。

例2)【社長の出迎えを頼まれた。】

私：(社長を) どちらでお迎えすればよろしいでしょうか。

❸ 復唱する

> (では、) 〜ます。

例1)【上司に／資料の印刷を頼まれた。】

上司：この資料、20部コピーしといて。A4の両面、カラーで。

私：はい。A4の両面、カラーで20部、資料をコピーいたします。

例2)【先輩に／取引先の人にカタログを送るよう頼まれた】

先輩：じゃあ、このカタログを浪速物産の山本課長に送ってくれない？

私：承知いたしました。では、浪速物産の山本課長にカタログをお送りします。

●練習しよう1
❶ 理解が足りないところや不確かなことを質問する

例)【先輩に／商品を予定より50個多く注文するよう指示された。】

50個多く注文する／合計150個注文する

→ 50個多く注文するということは合計150個注文するということでしょうか。

①【部長に／データをまとめるよう言われた。】

私：データをまとめる／グラフにする

→ _____

②【上司に／会議の資料を念のため人数より多めに印刷するように言われた。会議の参加者は15名。】

私：人数より多めに印刷する／20部

→ _____

102

❷ 5W1Hで足りない情報を質問する

例)【部長に／会議の報告書を作成するよう言われた。】

私：（データの保存先はどこだろう？）

　→ 作成したデータはどちらに保存すればよろしいでしょうか。

① 【部長に／会議の報告書を作成するよう言われた。】

私：（いつまでに作成すればいいんだろう？）

　→ _____

② 【部長に／会議の資料を印刷するよう言われた。】

私：（資料は何部印刷するんだろう？）

　→ _____

③ 【部長に／会議室の予約を頼まれた。】

私：（どの会議室がいいんだろう？）

　→ _____

④ 【部長に／会議で使ういすを並べるよう頼まれた。】

私：（どのように並べればいいんだろう？）

　→ _____

● 練習しよう2　　メモを取る練習もしましょう。

例)【先輩から展示会で配布するちらしについて頼まれる。】

先輩：今年は、少しでもコストを抑えるために、何社か見積もりを取ってどこに頼むか決めます。ちらしは全部で5,000枚を予定しています。ちらしのサイズや紙質などの情報は昨年のものを参考にしてください。昨年かかった費用も記録がありますから、それを参考にしてください。

私：はい。大体何社から見積もりを取りましょうか。

先輩：3社ぐらいから取ってください。

私：3社ですね。いつまでにご報告すればよろしいでしょうか。

先輩：今週の金曜日までに報告してもらえますか。

私：分かりました。では、ちらしの枚数5,000枚、昨年の情報を参考にして、金曜日までに3社ぐらいから見積もりを取ってみます。

先輩：間に合わないようだったら言ってください。よろしくお願いします。

①【9月30日から展示会がある。先輩から配布するちらしについて頼まれる。】

先輩：今年はA社にちらしを頼むことが決まりました。2,000枚で見積もりを取ったときと同じ条件で、発注をお願いします。ただ、枚数は1,000枚多くしてください。

私：分かりました。[1] _____

先輩：ええ、その枚数でお願いします。

私：（ちらしのデータって、どこにあるんだろう？）

[2] _____

先輩：ちらしのデータは、あとで保存先をメールします。

私：はい。（納期はいつまでだと伝えればいいんだろう？）

それから、[3] _____

先輩：展示会の1週間前までに納品されるようにしてください。

私：はい。（1週間前ということは、9月23日でいいのかな？）

[4] _____

先輩：ええ、そうですね。納期が決まったら、教えてくださいね。

私：はい。では、[5] _____

●ロールプレイ

①

役割：社員A　　　　　　　　　　8-1 相手：先輩B 状況：会社で仕事中、隣の席のBさんに話しかけられます。 タスク：Bさんからの指示を聞き、その後で、作業をするのに必要な情報を質問してください。	役割：先輩B　　　　　　　　　　8-1 相手：社員A 状況：今日の会議の時間が午後3時から4時に変更になったので、参加者にメールで知らせなければならないのですが、急な来客があり時間がありません。 タスク：隣の席のAさんに、代わりにメールを送るよう頼んでください。質問をされたら答えてください。

②

役割：社員A　　　　　　　　　　8-2 相手：課長B 状況：デスクで仕事中、課長に呼ばれました。 タスク：課長からの指示を聞き、その後で、必要な情報を得るために質問してください。	役割：課長B　　　　　　　　　　8-2 相手：社員A 状況：新商品のちらしを作成するため、今週金曜日までにC社の見積もりが必要になりました。 タスク：C社に見積書の作成を頼むよう、Aさんに指示してください。必要な情報を簡単に伝え、その後でAさんから質問があれば答えてください。

役割：社員A　　　　　　　　8-α
相手：先輩B
状況：今日は金曜日。今週は業務がたくさんありましたが、残りの業務も今日で終わりそうです。仕事をしていると、隣の席のBさんが、紙をたくさん持って戻ってきました。
タスク：Bさんからの指示を聞き、その後で、作業をするのに必要な情報を質問してください。

役割：先輩B　　　　　　　　8-α
相手：社員A
状況：来週の水曜日の会議で必要な資料を作成しなければなりませんが、昨日アンケートが集まったばかりです。一人でアンケートをまとめるには時間が足りず困っています。
タスク：Aさんに、アンケートをまとめる作業の手伝いを頼み、まとめ方を簡単に指示してください。そして、Aさんから質問があったら答えてください。

まとめ

▶ できるようになりましたか。

	できる	なんとかできる	あまりできない	できない
1. 指示を受けたときの表現や指示に対する質問の表現を覚えて、滑らかに言うことができる。	☐	☐	☐	☐
2. 指示を受けながら、5W1H（5W2H）を意識して正確にメモを取ることができる。	☐	☐	☐	☐
3. 指示の内容の中に、仕事をするのに不足している情報があれば、それについて質問することができる。	☐	☐	☐	☐

▶ ポイント

・上司から指示を受けるときは、必ずメモを取りながら聞く。

・メモは指示された仕事をする準備でもあるため、5W1H（5W2H）を意識して書く。

・指示内容で5W1H（5W2H）のうち、その仕事をするのに不足している情報や指示を聞いていて分からなかったことは、その場で必ず質問をする。

・指示されたことを行うだけではなく、主体性を持ち、自分で考えて仕事をすることも必要である。

● もっと考えてみよう

ケーススタディ

　あなたの上司はよく、「これ・それ・あれ」を使うので、何の話をしているのか分からないことがよくあります。昨日も、「そういえばあれ、どうなったの？」と聞かれましたが、「あれ」がどの業務のことなのか分かりませんでした。それで、「あれ、とは何でしょうか。」と聞くと、「え、だからあれだよ。大阪商会さんとの。」と少し嫌な顔をされました。こんなとき、あなたならどうしますか。

報告
<ruby>報<rt>ほう</rt></ruby><ruby>告<rt>こく</rt></ruby>

▌はじめに

「ホウ・レン・ソウ」という言葉を聞いたことがありますか。日本の会社で仕事の基本と言われる「報告」、「連絡」、「相談」のことです。

新入社員の立場でまず重要になる「報告」を中心に、気を付けることを学びましょう。

▌読解 <ruby>読解<rt>どっかい</rt></ruby> 🎧32

多くの企業がチームワークの重要性を認識している。チームワークを生かして仕事を進めていくためには、社員相互のコミュニケーションが欠かせない。こうしたことから、「報連相」が重視されている。

「報連相」とは、報告、連絡、相談のそれぞれ最初の漢字を取ってまとめて言う言い方で、仕事を進める上での基本である。野菜の「ほうれんそう」と同じ音で覚えやすいのでこのように言われる。では、¹そもそも「報告」、「連絡」、「相談」とは何だろうか。

「報告」とは、基本的には上司から指示や命令を受けた部下がその経過や結果を上司に伝える行為をいう。「連絡」は、²立場の上下にかかわりなく、情報を関係者に伝える行為を指す。そして「相談」とは、自分の考えを誰かに聞いてもらいたいときや何か判断に迷っているときなどに、適切な相手に事情を話して参考意見やアドバイスをもらう行為をいう。

「報連相」がスムーズに行われている職場では、社員同士で意思がうまく伝わるので、トラブルを事前に防ぐことができるし、トラブルが起こった場合でも早く解決することができる。また、新しいアイデアを出し合いながら成果を出していくことができる。そうすると、社員のモチベーションが上がり、成果が上がる。一方で、「報連相」が実践されていない職場では、³社員間で意思がうまく伝わらず、トラブルが増え、業務効率が落ちて、思うように成果が上がらなくなる。社員のモチベーションは下がり、お互いの信頼関係も作れなくなる。

Aさんにはこんな失敗がある。取引先からAさんに打ち合わせの日程変更の話があった。Aさんは、同席する課長のスケジュールを⁴確認することなく、日程変更を承知し、しかも、そのことを課長に報告しなかった。別の予定があった課長は打ち合わせに参加できず、再度

打ち合わせが必要になってしまった。取引先から日程変更の話があったときに課長に**⁵報告さえしていれば**、こんなことにはならなかったのにと、Ａさんは深く反省したのである。

　では、報告はどのように行えばいいのか。大切なことは２つある。報告のし方とタイミングである。

　まず、報告のし方だが、結論を先にして短く分かりやすく話す。状況を最初から順番に話し始めると、結論が分かるまでに時間がかかる。「時は金なり」という言葉があるが、長い報告は上司の貴重な時間を奪っているということである。次にタイミングだが、なるべく早く報告することが重要だ。特に悪い報告の場合、上司に伝えづらく、つい**⁶後回しにしてしまいがち**だが、先に周囲から上司の耳に入ってしまうと、上司は不信感を抱いてしまう。早めに報告し対策を立てれば、早期解決できることも多い。悪い内容でなくても、上司から聞かれる前に報告するのが部下として適切な態度である。ただ、良いタイミングで報告するために、上司の仕事の状況をよく見ることは必要だ。

　では、終わるまで時間がかかる仕事の報告はいつするか。半分ぐらい終わった段階で中間報告をするとよい。あるいは、一日の終わりや週末、月末など区切りのいいときに報告するのもよい。その上で仕事全体が終わったら最終報告をする。**⁷報告してはじめて**仕事が終わるのである。上司や先輩から「指示したのに全く報告がない。」とか「良い報告ばかりして悪い報告をしてこない。」などと言われてしまったら、その後信用されなくなってしまうだろう。チームの一員として仕事をし、良好な人間関係を築くためにも、報告は必要なことなのである。

●**考えてみよう**

1. Ａさんは打ち合わせの日程変更のことで失敗しましたが、その原因は何でしょうか。
2. 筆者は、報告はどのようにすべきだと言っていますか。２つのポイントに分けて考えてみましょう。

ケーススタディ

　あなたは新入社員です。まだ、どのようなことを上司に「報連相」すればいいかよく分かりません。あなたならａ〜ｃのどれを「報連相」しますか。

a）見積書にミスがあり、取引先の人に言われ訂正したものを送らなければならない。
b）先週連絡した親睦会の出欠がまだ集まらないので、もう一度メールを送りたい。
c）コピー機にA3用紙が入っていなかったので、新しい用紙を入れた。

9
報告

109

❶ そもそも 副

「本来」「元々」という意味。疑問文の形式で使われることが多い。

Means "normally" or "originally." Often used as part of a question.
意思是 "本来" "原本"。多用于疑问句形式。
Mang ý nghĩa "căn bản", "vốn dĩ". Thường được dùng ở hình thức nghi vấn.

① 「電話のかけ方」はビジネスマナーと呼ばれるが、そもそもビジネスマナーとは何かと言えば、仕事を円滑に進めるために良好な人間関係を築いていくコミュニケーションの方法である。

② クレームについては対応策ばかり考えるのではなく、そもそもクレームがなぜ生じたのか、その原因を探り、クレームをできるだけ減らす努力をすることが大切である。

❷ N にかかわりなく

「N に関係なく」という意味。N に関係なく後ろの事柄が成立する。

Means "regardless of N." The following subject will take place regardless of N.
意思是 "与 N 没关系"。后面事项的成立与 N 无关。
Có nghĩa "không liên quan đến N". Hạng mục phía sau được thành lập không liên quan đến N.

① この会社では年齢にかかわりなく昇進の機会が与えられている。

② 企業の規模の大小にかかわりなく、優秀な人材を求めるのは、いつの時代も同じだ。

❸ N 間

「N で表すもののそれぞれのあいだ」という意味。主に時間や距離を表す。

Means "in between each of N." Usually used to indicate times or distances.
意思是 "每个用 N 表示的东西之间"。主要表示时间和距离。
Có nghĩa là "giữa những cái được diễn tả bởi N". Chủ yếu diễn tả thời gian và khoảng cách.

① 本日の忘年会では日ごろ話せない人と大いに語り、ぜひ社員間の親睦を深めてください。

② 先週は機材の不具合の対応に追われて、東京・大阪間を二度も行き来した。

❹ V ルことなく

「V の行為をしないで」「V の行為をせずに」という意味。

Means "without doing V" or "not doing V."
意思是 "不做 V 的行为"。
Có nghĩa "không làm hành động V".

① プロバイダーの接続料金を従量制ではなく定額制にすれば、料金を気にすることなく、インターネットの利用ができる。

② 当社はお客様の了解を得ることなく、お客様の個人情報を第三者に開示、提供することはいたしません。

❺ ～さえ～ば

接続	Vマス	＋	さえすれば
	Aイ→く	＋	さえあれば
	Naデ・Nデ	＋	さえあれば
	N（＋助詞）	＋	さえ ＋ Vば

あることを実現するのに必要な最低限の条件を表す。

Indicates the basic, minimum requirement to make something a reality.
表示实现某一事情所需的最低条件。
Diễn tả điều kiện tối thiểu cần thiết để thực hiện một hành động nào đó.

① プレゼンテーションの技能は、参考書を読みさえすれば上達するわけではなく、理論を踏まえて経験を積むことが上達の近道である。

② 営業のノルマを達成するためだからといって、売り上げさえ上げればよいという思いでセールスすると、商品はさらに売れなくなるものです。

❻ ～がち

接続	Vマス	＋	がち
	N	＋	がち

「～する傾向がある」「～の状態になりやすい」「～の性質のほうが多い」という意味。

Means "tend to ~" or "easy to become a state of ~" or "often takes a ~ disposition."
意思是 "有做～的倾向" "容易成为～的状态" "～性质的较多"。
Có ý nghĩa "có khuynh hướng làm~", "dễ trở nên trạng thái~", "thường nghiêng về tính chất~".

① 広告宣伝のおかげでお客様からの商品の注文が増えたのは良いが、一度に増えたために対応が遅れがちになっている。

② 交渉は、遠慮がちに行っていると相手に有利な条件で話が進んでしまうので、主張すべき点は曖昧にせず、はっきりと相手に伝える必要がある。

❼ Ｖテはじめて……

「～を経験したり～の状態になったりした後で、やっと……になる」という意味。

Means "after experiencing ~/after the ~ happened, one finally......."
意思是"经历了～，或成为～的状态之后，好不容易才成为……"。
Mang ý nghĩa "sau khi trải nghiệm~, sau khi trở thành trạng thái~cuối cùng thì......".

① 仕事は、実際に自分でやってみてはじめて覚えられる。

② 完璧な資料を作ったつもりで同僚に見せたが、彼に言われてはじめて大きなミスがあることに気が付いた。

会話

会話1 業務が今どのような状況か上司に報告する　🎧33

【業界セミナーの途中経過を報告するために、王さんは高島課長の席に行った。】

王：課長、今、ちょっとよろしいでしょうか。

高島：はい、何ですか。

王：**業界セミナーの申し込み状況についてご報告したいんですが……。**

高島：どのぐらいの人数になりそうですか。

王：**大まかな数を申しますと、会場の定員900に対して、**
現在800ほどのお申し込みをいただいております。

高島：そうですか。いい調子ですね。

王：ええ。今回はいい講師をお呼びできたので、好評のよ
うです。満席になるよう、引き続き宣伝に努めてまいります。

高島：分かりました。今回のセミナーは、内容がいいですからね。しっかり頼みますよ。

王：はい。

会話2 仕事のミスを上司に報告する　🎧34

【会議から戻ってきた高島課長に報告するために、タインさんは課長の席に行った。】

タイン：課長、今、ちょっとよろしいでしょうか。

高島：はい。何ですか。

タイン：**大阪商会さんに納入した商品の件ですが、実は、欠**
品がありましたので、先ほど別の便で発送しました。
申し訳ございません。

高島：それはどういうことですか。

タイン：昨日、大阪商会さんから4種類のケーブルをご注文いただいておりましたが、
発注に不備があり、3種類しか発送されていませんでした。

高島：そうですか。それで、別の便でもう1種類を送ったんですね。

タイン：はい。そうです。

高島：分かりました。先方には伝えてありますか。

タイン：はい。お送りした商品は遅れて届くことを伝え、謝罪しました。

高島：分かりました。以後、気を付けてくださいね。

タイン：はい。申し訳ございませんでした。

指示された仕事が終わったときや、仕事でミスをしてしまったときなどは、すぐに報告をしましょう。時間がかかる仕事は、中間報告が必要です。報告するときは、これから報告をすると明確にした上で、まず結論を述べ、それから簡潔に経過説明をします。

When you have completed a task you were assigned, or when you have made a mistake in your work, you should report it immediately. If a task is taking time to complete, you must make interim reports. When making a report, first say what you are going to report about, then you should state the result, and concisely explain the progress.

指派的工作已经完成，或工作中出现差错时，要马上汇报。花费时间的工作，中间需要汇报。汇报时，在明确要进行汇报的基础上，先从结论说起，然后简明扼要地说明一下经过。

Khi làm xong công việc được giao hoặc khi mắc lỗi trong công việc thì nên nhanh chóng thông báo. Công việc tốn nhiều thời gian thì cần thông báo tạm thời. Sau khi làm rõ rằng tôi sẽ làm một báo cáo, trước tiên tôi sẽ đưa ra kết luận và sau đó giải thích ngắn gọn.

● 会話の流れ

会話1 業務が今どのような状況か上司に報告する

1
A
声をかけ、相手の都合を聞く

Speak to the other person and ask about their availability.
搭话，问一下对方是否方便。
Bắt chuyện, hỏi đối phương có tiện không.

2
A
どの業務について報告するか伝える

Say what task you are going to report about.
告诉对方要就哪方面的业务进行汇报。
Truyền đạt báo cáo về vấn đề gì.

3
A
結論から話す

Start by explaining the result.
先从结论说起。
Nói kết luận trước.

4
A
5W2H を意識して、簡潔に経過説明をする

Concisely explain the progress, being aware of the 5Ws and 2Hs.
简明扼要地说明经过，意识中要有 5W2H。
Ý thức được 5W2H, báo cáo quá trình ngắn gọn.

※ 5W2H については、8課参照。

5
A
今後どうするか伝える

Explain what you are going to do next.
告诉对方今后准备怎么做。
Lần sau làm như thế nào.

仕事のミスを上司に報告する

1

A

声をかけ、相手の都合を聞く

Speak to the other person and ask about their availability.
搭话，问一下对方是否方便。
Bắt chuyện, hỏi đối phương có tiện không.

2

A

どの業務について報告するか伝える

Say what task you are going to report about.
告诉对方要就哪方面的业务进行汇报。
Truyền đạt báo cáo về vấn đề gì.

3

A

結論から話し、謝罪する

Explain the result, and apologize.
先从结论说起，进行赔礼道歉。
Nói kết luận, xin lỗi.

4

A

5W2H を意識して簡潔にミスの経過説明をする

Concisely explain the mistake and its development, being aware of the 5Ws and 2Hs.
简明扼要地说明出差错的经过，意识中要有 5W2H。
Ý thức được 5W2H, giải thích quá trình mắc lỗi ngắn gọn.

5

A

ミスへの対応について話す

Talk about how you will deal with your mistake.
汇报对差错采取的对应措施。
Nói về cách giải quyết lỗi.

6

A

もう一度謝罪する

Apologize again.
再次赔礼道歉。
Xin lỗi một lần nữa.

9

報

告

115

● 会話の表現

❶ どの業務について報告するか伝える

参考 2課 ●会話の表現 ❶ 話題を提示する ❷ アポイントの申し入れをする

[事情説明が長くなりそうなとき]

～についてご報告したいんですが、～。／……。

[相手が今までの仕事の状況を知っているとき・短い時間で報告が済むとき]

～の件ですが、～。／……。

～についてですが、～。／……。　　　　↑　よりかたい

～のことですが、～。／……。

※「～についてご報告いたします。／～についてご報告させていただきます。」
　会議の場で報告を求められたときなど、指示を受けて報告するときに使う。

Used when you are reporting after accepting an instruction, such as during a meeting when a report is requested.
用于在接受指示做汇报时，如被要求在会议上做汇报时等。
Sử dụng khi tiếp nhận chỉ thị và báo cáo lại. Ví dụ như trên cuộc họp được yêu cầu báo cáo.

例)【会議で自分が担当する仕事の報告をする。】

高島：じゃ、タインさん。お願いします。

タイン：はい。それでは、大阪商事さんとの取引状況についてご報告いたします。

❷ 報告の前置き

結論から申し上げますと、／申しますと、／言いますと、～。
大まかに申しますと、／言いますと、～。

例1)【上司に報告する。】

私：結論から申し上げますと、今後この地域の競争はかなり厳しくなりそうです。

例2)【上司に結果を報告する。】

私：大まかに申しますと、注意すべき点は3点あるかと思います。

❸ 悪い報告の前置き

> 実は、〜。
> ［相手からの指摘に対して］それが、〜。／実を申しますと、〜。

例1）【取引先から見積金額の変更依頼があったことを報告する。】

タイン：実は、九州商会さんに、もう少し見積金額を下げてほしいと言われておりまして……。

例2）【上司からの指摘を受けて報告する。】

高島：タインさん、予算案はどこまで進んでいますか。

タイン：それが、企画部から資料が上がってきていなくて、作業が止まっているんです。

● 練習しよう1

❶ どの業務について報告するか伝える

例）【上司に／大阪商会との打ち合わせが無事終わったと報告する。】

大阪商会との打ち合わせ

→ 大阪商会さんとの打ち合わせの件ですが、無事終わりました。

① 【先輩に／取引先へ打ち合わせの資料をさっきメールで送ったと報告する。】

打ち合わせの資料 → _____

② 【上司に／売り上げデータの修正がさっき終わったと報告する。】

売り上げデータの修正 → _____

③ 【会議の出席者全員に／上司に先週のイベントの報告を求められて報告する。】

先週のイベント → _____

❷ 報告の前置き

例）【上司に／プロジェクトの報告をする。】

結論から申し上げますと、今回のプロジェクトは成功したと言えるかと思います。

① 【上司に／システムトラブル解決後、その原因を報告する。】

_____、今回のトラブルの原因はアクセスが集中したためだ

と考えられます。

② 【上司に／週末の記念パーティーに参加する人数が確定した。】

　　週末の記念パーティーについてですが、＿＿＿＿＿＿＿＿＿＿＿＿＿＿＿＿＿＿＿＿＿＿、

　　参加者は 500 名ほどになる見込みです。

❸ 悪い報告の前置き

例) 【課長に報告する。】

　　　課長：契約の話はどうなりましたか。

　　　　私：今回の新規契約は見送られることになった

　　　　　→ 実を申しますと、今回の新規契約は見送られることになってしまったんです。

① 【課長に報告する。】

　　　課長：先日発売した新商品ですが、お客様の反応はどうですか。

　　　　私：新商品の売り上げが予想を下回っている

　　　　　→＿＿＿＿＿＿＿＿＿＿＿＿＿＿＿＿＿＿＿＿＿＿＿＿＿＿＿＿

② 【先輩に報告する。】

　　　先輩：昨日、業界セミナーに行ったらしいね。どうだった？

　　　　私：電車遅延のため業界セミナーに 1 時間も遅れてしまった

　　　　　→＿＿＿＿＿＿＿＿＿＿＿＿＿＿＿＿＿＿＿＿＿＿＿＿＿＿＿＿

● 練習しよう 2

例) 【課長に／明日開催されるイベントの準備が完了したと報告する。】

　　　　私：明日のイベントの件ですが……。

　　　課長：はい。

　　　　私：先ほど準備が完了いたしました。

　　　課長：ご苦労様です。明日は、よろしくお願いします。

① 【課長に／九州物産から納品が 3 日間ほど遅れると連絡があったと報告する。】

　　　　私：[1]＿＿＿＿＿＿＿＿＿＿＿＿＿＿＿＿＿＿＿＿＿＿＿＿＿＿＿＿

　　　課長：はい、何ですか。

　　　　私：[2]＿＿＿＿＿＿＿＿＿＿＿＿＿＿＿＿＿＿＿＿＿＿＿＿＿＿＿＿

　　　課長：そうですか、分かりました。納品が遅れる商品について、お客様への発送に問題
　　　　　　がないか確認してください。

●ロールプレイ

①

役割：社員A　　　　　　　　9-1 相手：課長B 状況：あなたは先週、取引先に見積書を出しました。先ほど取引先の担当者から、予算が減ったのでもう一度見積書を作り直してほしいという連絡がありました。条件も変更になりました。見積書は明日の夕方までにほしいそうです。 タスク：見積書について課長に報告してください。	役割：課長B　　　　　　　　9-1 相手：社員A 状況：自分の席で仕事をしています。そこへAさんが声をかけてきます。 タスク：Aさんの話を聞いて、必要なら指示を出してください。

②

役割：社員A　　　　　　　　9-2 相手：課長B 状況：あなたは、再来月行われるイベントの責任者です。広報部がネット広告の制作をしていますが、予定よりも作業が遅れています。そのため、営業部の社員から「宣伝活動が進まない」と不満が出てきています。 タスク：課長に状況を報告してください。	役割：課長B　　　　　　　　9-2 相手：社員A 状況：自分の席で仕事をしています。そこへAさんが話しかけてきます。 タスク：Aさんの話を聞いて、できることを話してください。

9

報告

119

役割：社員A　　　　　　　　　9-α	役割：課長B　　　　　　　　　9-α
相手：課長B	相手：社員A
状況：来週の月曜日、大阪にある取引先の浪速物産営業部に出張へ行く予定でした。しかし、今から10分前に、浪速物産の担当者から日程を再来週に変更してほしいという連絡が来ました。	状況：自分の席で仕事をしています。Aさんが話しかけてきます。
タスク：課長に状況を報告してください。	タスク：Aさんの話を聞いてください。
※再来週のいつに変更するかは、課長が判断します。	※再来週の水曜日、Aさんと一緒に業界イベントへ行こうと考えています。

┃まとめ

▶ できるようになりましたか。

1. 報告をするときの表現を覚えて、滑らかに言うことができる。　□ □ □ □

2. 会話の流れを意識して、上司に報告することができる。　□ □ □ □

3. 結論から先に述べ、簡潔に報告することができる。　□ □ □ □

▶ ポイント

・チームワークによる仕事には社員間のコミュニケーションが欠かせない。

・そのためには、「報連相」（報告・連絡・相談）が大事である。

・中間報告、最終報告をする。報告は結論からする。悪い報告はできる限り早くする。

・相手の状況を見て、最も良いタイミングで報告をする。

9

報告

● もっと考えてみよう

> ケーススタディ

　あなたは課長からＡ国の市場調査を依頼されました。調査結果の報告を１か月後までにするように指示されています。２週間たちましたが、ほかの業務が忙しく、市場調査についてはほとんどできていません。このままでは締め切りに間に合わないかもしれません。こんなとき、あなたならどうしますか。

第10課

申し出

はじめに

　目上の人に手伝いを申し出るときは、言い方に注意が必要です。言い方が適切でないと、相手は嫌な気持ちになるかもしれません。

　相手や場面に合わせた申し出の言い方を学びましょう。

読解 35

　Aさんは入社半年の営業部の社員である。仕事にも上司や先輩との人間関係にも慣れてきたつもりだ。ある日、先輩のBさんが忙しそうだったので、手伝おうと思い声をかけた。しかし、Bさんは[1]喜ぶどころか、むっとしたような顔をして「いいよ。自分の仕事をして。」とAさんの申し出を断った。Aさんはショックを受け、Bさんに嫌われているのではないか、もしかしたら営業部の人たちとの[2]関係自体うまくいっていないのではないかと悩んだ。そこで、入社時よりとてもお世話になっている先輩のCさんに相談することにした。Bさんに何と言ったのかCさんから聞かれたので「Bさん、お手伝いしてさしあげましょうか。」と言ったと答えた。すると、Cさんは「それは言い方が悪かったんだよ。」と教えてくれたのである。

　では、先輩に仕事の手伝いを申し出るとき、どのような言い方が適切だろうか。

1．手伝ってあげましょうか。
2．手伝ってさしあげましょうか。
3．お手伝いしてさしあげましょうか。
4．手伝ってもらいたいですか。／手伝ってほしいですか。

　これらは全て文法的には正しいが、目下の人から目上の人には使えない。「あげる」は相手に恩を売っているような印象を与えてしまうので、目上の相手に対して直接使うのはふさわしくないのだ。だから、例えば、取引先に資料を送ってほしいと頼まれたときであっても、「資料を送ってあげます。」や「資料を送ってさしあげます。」ではなく、「資料をお送りします。」のように「あげる」や「さしあげる」を使わずに言うのが適切なのである。

　1～4の文を1つずつ見ていこう。

　1の表現は[3]同等もしくは目下の相手に対しては「仕事、手伝ってあげようか。」のように

使う場合もあるが、やはり「あげる」に恩を売る印象が伴うので注意が必要な表現だ。

2と3には、「さしあげる」という「あげる」の謙譲語が[4]使われているものの、「あげる」自体が目上の人に対して使えないので、[5]いくら謙譲語にしたところで不適切である。

4の「～たいですか」「～てほしいですか」は、尋ねている人が相手に恩恵を与える権限を持っている場合に使われる表現で、使える場面は大人が子供に「アイスクリーム食べたいの？」とか「これ、ほしい？」と聞く場合などに限られる。そのため、目上の人に使うと失礼になる。

では、正しい言い方は何だろうか。この場合は、「お手伝いしましょうか」という申し出の表現を使うといい。Aさんがこの表現を使っていれば、Bさんが気分を悪くすることはなかっただろう。

このように、文法的には正しくても適切な言い方ではないということはよくある。最近は[6]**日本語学習者向け**の敬語に関する参考書が数多く出版されており、Aさんのような間違いやすいケースについて説明されているものもあるが、実際に敬語を使用する場面は多様で複雑である。その多様で複雑な[7]**場面に応じて**適切な表現を選ぶのは難しい。上司や先輩に教えてもらったり、彼らの話し方をまねたりすることで、次第に社会人としての言葉遣いができるようになっていくのである。

●考えてみよう

1．Aさんが先輩のBさんを怒らせたのはなぜですか。
2．「手伝ってあげましょうか。」「手伝ってほしいですか。」という言い方が目上の相手に使えないのはなぜですか。

ケーススタディ

　一緒に仕事をしている先輩の奥さんが急に倒れたそうです。先輩は今からすぐに病院へ行かなければいけません。あなたは今日、午後からその先輩と取引先へ行って打ち合わせをする予定でした。こんなとき、あなたならどうしますか。

① ～どころか

参考 ～。それどころか、～。

接続 [普通形] ＋ どころか

※ Na ダ→な・である　N ダ→である

N ＋ どころか

～の予想や期待を否定して、事実はこうだということを表す。

Indicates a reality that does not fit with predictions or expectations (～).
表示否定～的预想或期待，其实事实是这样的。
Phủ định kỳ vọng và mong đợi ～, diễn tả sự thật là như thế này.

① 明日からゴールデンウイークだが、仕事が忙しくて、旅行どころか休むこともできない。

② 後輩に仕事のやり方についてアドバイスしたら、感謝されるどころか嫌がられてしまった。

② N 自体

「N そのもの」という意味。関係するほかの事柄ではなく、N だけについて言うときに使う。

Means "N itself." Used when talking about N only, and no other related matters.
意思是 "N 本身"。用于不是说有关的其他事情，而只说 N 时。
Có nghĩa là "bản thân N". Dùng khi chỉ nói đến N, không liên quan đến việc khác.

① 新商品のデザイン自体に問題はないが、設定価格が少し高い気がする。

② 自社の経営自体は順調でも、取引先の破綻で急に経営が悪化する場合がある。

③ もしくは 接

前後の言葉のどちらかを一つ選ぶことを表す言葉。

Means "or." Indicates a choice between two options given before and after.
或者。是表示在前后语言中选择一个的用语。
Hoặc. Từ vựng diễn tả việc chọn 1 cái trước hoặc sau từ đó.

① 画面上の商品名もしくは画像をクリックすると、詳細情報がご覧になれます。

② 当社のセミナーに参加をご希望の方は、ホームページから、もしくは E メールでお申

し込みください。

④ [普通形] ものの 👔

※ Na ダ→な・である　N ダ→である

「～は確かだが、しかし……」という意味。逆接。

Means "it is true that ～, but ......" Contrastive conjunction.
意思是 "确实是～，不过……"。逆接、转折。
Có nghĩa "～là vậy, nhưng mà......". Ý kiến ngược.

① クールビズの定着により、半袖のシャツは売り上げを伸ばしたものの、ネクタイは減少した。

② 昨日の展示会は、午前中は客足が好調だったものの、午後から雪が降り出して鈍ってしまった。

❺ いくらVタところで　※いくら　副

「何度も／たくさんVという行為をしても」という意味。逆接の条件表現。

Means "even if you do V a lot/no matter how much you do V." Used to indicate a contrasting conjunction of a conditional expression.
意思是 "尽管做了多少次／很多次也〜"。逆接条件的表达。
Mang ý nghĩ "dẫu làm hành động V bao nhiêu đi nữa". Biểu thị điều kiện trái ngược.

① いくらいい商品を扱ったところで、会社や営業担当者がお客から信用されなければ商品は売れないものだ。

② この服はデザインも古いし品質もあまり良くないので、いくら値下げしたところで売れるはずはない。

❻ N向け

「Nを対象にした」という意味。

Means "intended for N."
意思是 "把N作为了对象"。
Mang ý nghĩa "lấy N làm đối tượng".

① 今後、我が社は若者向けの商品開発に力を入れていく方針である。

② この工場で作られている製品は、日本向けの輸出品です。

❼ Nに応じて

参考 N1に応じたN2

「Nの変化に合わせて」という意味。

Means "in accordance with the changes in N."
意思是 "配合N的变化"。
Mang ý nghĩa "hợp với thay đổi của N".

① お客様のご要望に応じて、きめ細かいサービスを提供していくことが重要である。

② 【求人広告】社員募集。基本給25万円。ただし、経験や能力に応じて優遇。

会話

【王さんが会議の準備で忙しそうにしている。タインさんが王さんに話しかける。】

タイン：王さん、何かお手伝いしましょうか。

王：ありがとう。今、資料ができ上がったから、100部印刷をお願いできますか。

タイン：はい。分かりました。印刷したものは、会議室に運んで

おきますが、よろしいでしょうか。

王：**ありがとうございます。お願いします。**

タイン：今、私の業務は一段落したところなので、ほかにもお

手伝いできることがあれば、遠慮なく声をかけてください。

王：ありがとうございます。ちょっと今抱えている案件が立て込んでいて……。助か

ります。また声をかけさせてもらいますね。

【王さんは九州物産の戸田部長との打ち合わせを終えて、別れの挨拶をする。】

王：この度は遠いところをありがとうございました。

戸田：いえいえ、こちらこそありがとうございました。

王：今後ともよろしくお願いいたします。

戸田：こちらこそよろしくお願いいたします。

王：**よろしければ、空港までお送りしましょうか。**

戸田：**ありがとうございます。せっかくですが、この後寄るところがありますので……。**

王：そうですか。では、どうぞお気を付けて。

戸田：失礼いたします。

ポイント

申し出を受けるとき、断るときは、相手の申し出の気持ちに配慮して、まず申し出てくれたことに感謝の言葉を言ってから答えます。

When accepting or refusing an offer, consider the other person's feelings, and first express your gratitude for the offer, before answering.

在接受或回绝时，要顾及对方提出建议的心情，先感谢对方的建议，然后再做回答。

Khi nhận lời đề nghị, khi từ chối, quan tâm đến tâm trạng của đối phương, trước tiên cảm ơn lời đề nghị sau đó trả lời.

126

●会話の流れ

会話1・2 申し出をする・申し出を受ける／申し出を断る

1　（相手の状況を聞いて）申し出る

Make an offer (after asking about the other person's situation).
（询问对方的情况并）提出建议。
(Hỏi xem tình trạng đối phương sau đó) đề nghị.

2　感謝の言葉を言って、申し出を受ける／
申し出を断る（理由を述べる）

Express your gratitude, and accept the request/refuse the request (stating your reason for refusing).
表示谢意后接受建议／回绝建议（说明理由）。
Nói cảm ơn, chấp nhận/ từ chối lời đề nghị (nói lý do).

3　返事をする

Reply to the other person.
回答。
Trả lời.

10

申し出

●会話の表現

① 申し出をする

（よろしければ、）

（お）Ｖマス ｜ いたしましょうか。
（ご）Ｎスル ｜ しましょうか。　より丁寧

※相手が困っていてもいなくても関係なく使える。

何かお手伝いできることはありませんか。
※困っている人に対して使う。

例1）【会社で／忙しそうな先輩に】

私：よろしければ、この資料、持っていきましょうか。

例2）【会社で／忙しそうな先輩に】

私：何かお手伝いできることはありませんか。

❷ 申し出を受ける

┌─────────────────────────────────────┐
(感謝の言葉)。　｜　お願いいたします。　　　⬆ より丁寧
　　　　　　　　　｜　お願いします。
└─────────────────────────────────────┘

例)【取引先で／飲み物を勧められた。】

取引先：何かお飲み物をお持ちいたしましょうか。

　　私：ありがとうございます。お願いいたします。

❸ 申し出を断る

┌─────────────────────────────────────┐
(感謝の言葉)。　｜　せっかくですが／実は、～で／て／ので……。
　　　　　　　　　｜　でも、～（です／ます）ので……（大丈夫です）。
└─────────────────────────────────────┘

例)【打ち合わせで取引先から申し出があった。】

取引先：よろしければ、ポスターのデザインは弊社に担当させていただけないでしょうか。

　　私：ありがとうございます。せっかくですが、もう他社にお願いしておりまして……。

　　　　すみません。

● 練習しよう1
❶ 申し出をする

例)【取引先の人がほかの製品についても質問してきた。】

カタログを送る → よろしければ、<u>カタログをお送りしましょうか</u>。

① 【打ち合わせが終わり、取引先の人が帰るところだ。外は雨が降り出したようだ。】

タクシーを呼ぶ → よろしければ、＿＿＿＿＿＿＿＿＿＿＿＿＿＿＿＿＿＿＿＿

② 【A社から同僚のBさんに電話があったが、今席を外している。】

伝言を伺う → よろしければ、＿＿＿＿＿＿＿＿＿＿＿＿＿＿＿＿＿＿＿＿＿＿

③ 【IT関連のイベントで、お客様が自社の新しいアプリを興味がある様子で見ている。】

説明をする → よろしければ、＿＿＿＿＿＿＿＿＿＿＿＿＿＿＿＿＿＿＿＿＿＿

❷ 申し出を受ける

例)【電話で／取引先から】

取引先：よろしければ、カタログをお送りしましょうか。

　　私：ありがとうございます。お願いいたします。

①【訪問先の会社で打ち合わせ中、飲み物がなくなってしまったところで声をかけられた。】

取引先：よろしければ、コーヒーお持ちしましょうか。

　　私：＿＿＿＿＿＿＿＿＿＿＿＿＿＿＿＿＿＿＿＿＿

②【会議の資料を印刷しようとしたところ、部長に呼ばれた。Aさんに声をかけられた。】

　　Ａ：よろしければ、こちらの資料を印刷しておきましょうか。

私：＿＿＿＿＿＿＿＿＿＿＿＿＿＿＿＿＿＿＿＿＿＿＿＿＿

❸ 申し出を断る

例)【新しいお客さんのアポイントが取れた。今度会社を訪問し、営業をさせてもらうことになった。】

訪問先：会社が分かりにくいところにありますので、よろしければ、駅までお迎えに参りましょうか。

　　私：地図を見れば分かる

　　　→ ありがとうございます。でも、地図を見てまいりますので、大丈夫です。

①【会議の準備がもう少しで終わりそうなところで、後輩のAさんに声をかけられた。】

　　Ａ：よろしければ、資料の準備をお手伝いしましょうか。

私：あと少しで終わる

　　→＿＿＿＿＿＿＿＿＿＿＿＿＿＿＿＿＿＿＿＿＿

②【取引先の斉藤さんに相談があって電話をしたが、不在だった。】

取引先：よろしければ、ご伝言をお預かりしましょうか。

　　私：またこちらから連絡する

　　→＿＿＿＿＿＿＿＿＿＿＿＿＿＿＿＿＿＿＿＿＿

●練習しよう2

❶

例)【会社で／先輩が忙しそうにしている。】

先輩：明日の会議の資料、印刷しないと……。あ、もう午後6時だ。

　　私：明日の会議の資料、印刷しましょうか。

先輩：ありがとう。本当に助かるよ。

　　私：いいえ。

①【打ち合わせの前に／取引先の担当者から電話がかかってきた。／迎えに行くことを申し出る。】

担当者：すみません、今、そちらに向かっているんですが、道に迷ってしまいまして……。

　　私：[1]＿＿＿＿＿＿＿＿＿＿＿＿＿＿＿＿＿＿＿＿＿＿

担当者：ありがとうございます。お忙しいところお手間を取らせてしまい申し訳ありま
　　　　せん。よろしくお願いします。

　　私：[2]＿＿＿＿＿＿＿＿＿＿＿＿＿＿＿＿＿＿＿＿＿＿

②【取引先から来社した担当者との打ち合わせが終わり、外に出ると雨が降っていた。／タ
クシーを呼ぶことを申し出る。】

担当者：本日はありがとうございました。では、本日はこれで失礼します。

　　私：[1]＿＿＿＿＿＿＿＿＿＿＿＿＿＿＿＿＿＿＿＿＿＿

担当者：ありがとうございます。お願いいたします。

　　私：[2]＿＿＿＿＿＿＿＿＿＿＿＿＿＿＿＿＿＿＿＿＿＿

❷

例)【取引先で／用が済み、帰るところだ。この後、銀行に寄ってから帰ろうと思っている。】

担当者：よろしければ、東京駅までお送りしましょうか。

　　私：ありがとうございます。せっかくですがこの後寄るところがありまして……。

担当者：そうですか。では、本日は遠いところをお越しいただきありがとうございました。

　　私：いいえ。こちらこそありがとうございました。

①【取引先との打ち合わせで／展示会への出展が話題になった。】

取引先：展示会への出展、弊社がお手伝いいたしましょうか。

　　私：[1]＿＿＿＿＿＿＿＿＿＿＿＿＿＿＿＿＿＿＿＿＿＿

取引先：そうですか。何かお手伝いできることがあれば、お声をおかけください。

　　私：[2]＿＿＿＿＿＿＿＿＿＿＿＿＿＿＿＿＿＿＿＿＿＿

●ロールプレイ

❶

役割：社員A（東京商事東京本社）　10-1 相手：社員B（東京商事大阪支社） 状況：打ち合わせのため来社したBさんを会議室に案内しています。Bさんの体調が悪そうです。 タスク：Bさんに声をかけ、できることを申し出てください。	役割：社員B（東京商事大阪支社）　10-1 相手：社員A（東京商事東京本社） 状況：打ち合わせのため、東京本社へ来ています。Aさんに会議室へ案内してもらっているところですが、空港からのタクシーで酔ってしまったようで少し気分が悪いです。 タスク：Aさんの申し出を受けてください。

❷

役割：社員A（社員Cの同僚）　10-2 相手：社員B（取引先の担当者） 状況：取引先のBさんから電話がかかってきます。しかし、担当のCさんは外出中で、1時間後の午後3時ごろに戻ってくる予定です。Cさんが戻ったら、Bさんに電話をかけるように伝えようと思っています。 タスク：Bさんにどのようにするか申し出てください。	役割：社員B（担当者）　10-2 相手：社員A（取引先の社員Cの同僚） 状況：取引先のCさんに、次の納品に関して相談があるので電話をします。早く連絡したいので、会社にいなければ携帯電話にかけようと思っています。 タスク：Aさんの話を聞いて、どうするかを決めてください。

チャレンジ

<ruby>役割<rt>やくわり</rt></ruby>：社員A　　　　　　　　10-α <ruby>相手<rt>あいて</rt></ruby>：<ruby>課長<rt>かちょう</rt></ruby>B <ruby>状況<rt>じょうきょう</rt></ruby>：仕事中、<ruby>課長<rt>かちょう</rt></ruby>がパソコンを見ながらぶつぶつとつぶやいています。<ruby>声<rt>こえ</rt></ruby>をかけられたので見てみました。<ruby>課長<rt>かちょう</rt></ruby>が使っているソフトの<ruby>使<rt>つか</rt></ruby>い<ruby>方<rt>かた</rt></ruby>は分かりますが、<ruby>課長<rt>かちょう</rt></ruby>がしようとしている<ruby>作業<rt>さぎょう</rt></ruby>の<ruby>方法<rt>ほうほう</rt></ruby>は分かりません。 タスク：ほかのソフトを使う<ruby>方法<rt>ほうほう</rt></ruby>なら知っているので、その<ruby>方法<rt>ほうほう</rt></ruby>でもよければ教えてあげようと思います。 ※「教える」を使うと少し<ruby>失礼<rt>しつれい</rt></ruby>ですから、別の<ruby>言葉<rt>ことば</rt></ruby>を使ってください。	<ruby>役割<rt>やくわり</rt></ruby>：<ruby>課長<rt>かちょう</rt></ruby>B　　　　　　　　10-α <ruby>相手<rt>あいて</rt></ruby>：社員A <ruby>状況<rt>じょうきょう</rt></ruby>：前に一度使ったことがあるソフトですが、今日はなかなかうまく<ruby>使<rt>つか</rt></ruby>えません。もう30分ぐらいやっています。<ruby>部下<rt>ぶか</rt></ruby>のAさんに<ruby>助<rt>たす</rt></ruby>けてもらおうと思い<ruby>声<rt>こえ</rt></ruby>をかけました。前のやり<ruby>方<rt>かた</rt></ruby>をどうしても<ruby>思<rt>おも</rt></ruby>い<ruby>出<rt>だ</rt></ruby>したいと思っています。 タスク：Aさんの<ruby>申<rt>もう</rt></ruby>し<ruby>出<rt>で</rt></ruby>を聞いてどうするか<ruby>決<rt>き</rt></ruby>めてください。

■ まとめ

▶ できるようになりましたか。

	できる	なんとかできる	あまりできない	できない

1. 申し出るときの表現を覚えて、滑らかに言うことができる。　□　□　□　□

2. 申し出を受けるときと断るときの表現を覚えて滑らかに言うことができる。　□　□　□　□

3. 相手を嫌な気持ちにさせずに申し出を断ることができる。　□　□　□　□

4. 会話の流れを意識して、誰かに申し出ることができる。　□　□　□　□

▶ ポイント

・目上の相手には授受表現や願望表現を使わず、「〜ましょうか」という申し出の表現を使うとよい。

・誰かが申し出てくれたときには、その申し出を受けるときも断るときも、申し出てくれたことへの感謝を述べてから返事をする。

● もっと考えてみよう

ケーススタディ

　あなたが正社員として入社する前から、アルバイトとして働いている年下のAさんがとても忙しそうにしています。あなたは今すぐしなければならない仕事はないので、手伝おうと思っています。こんなとき、あなたならどのように声をかけますか。

10

申し出

133

第11課

許可

はじめに

　仕事を休んだり、早退したり、遅刻したりしなければならないときもあると思います。休みを取ることは働く人の権利ですが、周囲に相談せず、休んだりする日を勝手に決めてしまうことはトラブルにつながります。

　許可を求めるときは、どんな言い方をしたらいいか、学びましょう。

読解　🎧38

　会社員には勤続年数によって有給休暇が与えられる。有給休暇というのは文字通り、給料が支払われる休暇で、労働者に与えられた権利である。しかし、**1権利とはいえ**、有給休暇を取るときは事前に上司の許可が必要だ。それは、社員一人一人が自分勝手に休むと、職場が混乱するからである。

　ある企業に勤めるＡさんは、入社から半年が過ぎて有給休暇が与えられた。ある日、母国にいる親友から来月結婚するという連絡と、結婚式の招待状が届いた。Ａさんは喜んで、すぐに航空券を予約した。そして、国へ帰る前日となった金曜日の夕方、Ａさんは有給休暇の許可を得ようと上司のところへ

行った。「来週の月曜日から木曜日まで４日間の有給休暇をいただきたいんですが……。」と上司に許可を**2願い出たところ**、「え？ 来週？ この忙しい時期に４日も休むの？」と驚いた顔をされた。当然休みをもらえると**3思っていただけに**、どうして上司がそれほど驚いたのか理解できなかった。友人の結婚式に出席するという事情や航空券も**4予約済みである**ことを話すと、上司は「何でもっと早く言わなかったんだ？ これじゃ、事後報告と同じじゃないか。」と言った。Ａさんは、自分は休暇を取る前にちゃんと許可を得ようとしているのに、なぜ事後報告と言われるのか理解できなかった。「航空券を予約したならしょうがないなあ……。」と、いかにもしかたないという表情で上司は届出書にはんこを押した。

　Ａさんが席に戻ると、上司とＡさんの話を聞いていた周囲の先輩たちが慌てている。「来週の仕事は大丈夫？」と、皆が口々に言う。Ａさんが何を心配されているのか分からない様子でいると、ある先輩が「Ａさん、こういうことは先に相談するものなんだよ。」と教え

てくれた。

　その先輩によると、有給休暇を取りたいときには、まずは同僚や上司に相談して、早めに許可を得ておいたほうが無難だということだ。そして、休暇中に同僚や取引先が困らないように、依頼すべきことはあらかじめ依頼して、正式な届出書を上司に提出し、きちんと許可を得てから航空券などの予約をするべきだと言うのだ。そして、「みんな一緒に仕事しているんだから、事前に相談してくれたら、休みの間の仕事もみんなで協力してやるから。」と言われた。このことはＡさんにとって苦い経験となった。

　会社という組織において**⁵仕事をしている以上**、上司に許可を得るべきことは多い。欠席、遅刻、早退などは当然のことだが、例えば、仕事上の理由で、朝、会社に出社せず社外の場所に直行する場合や、社外での仕事のために帰社せず直帰する場合がある。**⁶やむを得ない**場合であっても、直行や直帰をする場合、通常は事前に上司の許可を得ることが必要である。

　では、事前に許可を得たい場合、どのように願い出ればいいのか。メールなどを送ればいいという考え方があるかもしれないが、許可を得るというのは一方的な行為とは違う。許可を求める相手、つまり上司などの立場の人が事情を聞いて、許可を与えるかどうかを判断するのである。したがって、一方的にメールなどで伝えるだけで済ませてはいけない。だから、基本的には直接話す、それができなければ電話することになる。どうしても直接話したり電話したりできない場合は、一旦メールなどで事情を伝えておき、**⁷改めて**話すのがいいだろう。

●考えてみよう
1．労働者の当然の権利である有給休暇の取得に上司の許可が必要なのはなぜですか。
2．直行や直帰などについて事前に許可を得る場合、どのように願い出ればいいですか。

ケーススタディ

　今、午後４時半です。あなたは取引先での打ち合わせを終えたところです。会社の定時は午後５時半で、ここから会社まで１時間かかります。あなたは、今日中に会社でやらなければならない仕事はありません。こんなとき、あなたならどうしますか。

● 読解の表現

❶ 〜とはいえ

参考 〜。とはいえ、〜。

接続 ［普通形］ ＋ とはいえ
　　　　N 　　　＋ とはいえ

〜を事実として認めるが、〜から考えられることに反する判断や状態を述べるときに使う。

Used to indicate that ~ is accepted as fact, but there is a conclusion or situation contrary to that of ~.
用于述说虽然承认~为事实，但从与~能考虑到的事情所相反的判断或状态。
Sử dụng khi công nhận ~ đó là sự thực nhưng, bày tỏ trạng thái hay phán đoán ngược với điều được suy nghĩ từ ~.

① A社の経営状態は良くなってきたとはいえ、まだ安心できるほどではない。

② このIT企業はまだ新しいとはいえ、この分野ではかなり広く知られている。

❷ Vタところ

Vの行為の結果、分かったこと、発見したことを示す。

Indicates what was discovered or learned as the result of V.
表示作为V行为的结果所知道，所发现的。
Diễn tả việc đã hiểu kết quả hành động của V hay đã phát hiện sự việc dưới kết quả V.

① 取引先の担当者に電話をかけたところ、不在だったので、あとでかけなおすことにした。

② 駅前で、後輩のBさんだと思って肩をたたいたところ、見ず知らずの人だった。

❸ 〜だけに

参考 〜だけのことはある。

接続 ［普通形］ ＋ だけに
　　　※ Naダ→な・である　Nダ→である
　　　　N 　　　＋ だけに

「〜だから、なおさら／やはり／当然」という意味。

Means "because of ~, all the more/naturally/of course."
意思是 "~之所以更是／果然／当然"。
Mang ý nghĩa "vì vậy~, càng thêm, như tôi nghĩ, đương nhiên".

① 今回の新製品は皆で苦労して開発しただけに、売れ行きが好調で非常にうれしい。

② 部長は海外勤務が長いだけに、英語の発音の良さはアメリカ人社員も驚くほどだ。

4 N済み

Nが既に終わっていることを表す。

Indicates that N has already been completed.
表示 N 已经完了。
Diễn tả việc N đã xong.

① 取引先に商品の値下げを要求したが、既に交渉済みの案件だと言われ、断られてしまった。

② 支払い済みの商品の請求書が届いたので、先方に確認の電話をした。

5 [普通形] 以上（は） 🎀

※ Naダ→である　Nダ→である

「～以上（は）」の「～」を理由として、取るべき態度や心構えを述べるときに使う。

Used to convey the attitude or preparation that someone should take with "～" from "～以上（は）" as the reason.
用于述说将 "～以上（は）" 的 "～" 为理由，所应采取的态度和心理准备时。
Dùng khi truyền đạt sự chuẩn bị sẵn sàng tâm lý hay thái độ cần thiết, lấy "～" của "～以上（は）" làm lý do.

① この会社に入社した以上は、会社に貢献できるように専門知識をもっと身に付けたい。

② 営業課の社員である以上、自社の製品について誰よりも理解しなければならない。

6 やむを得ない 🎀

「ほかにどうすることもできない」「しかたがない」という意味。

Means "there is nothing else to be done," or "it cannot be helped."
意思是 "没有其他办法可想了" "没办法"。
Mang ý nghĩa "không thể làm gì khác", "không còn cách nào khác".

① 日本では、子育てや介護といったやむを得ない事情で働けなくなり、会社を退職する人もいる。

②【電話】すみません、明日の御社のセミナーなんですが、やむを得ない事情がございまして……。キャンセルさせていただけないでしょうか。申し訳ありません。

7 改めて 🎀 副

「別の機会にもう一度」という意味。

Means "once again on a different occasion."
意思是 "有其他机会时再来一次"。
Mang ý nghĩa "vào một dịp khác một lần nữa".

① 先日お送りしました見積書の件ですが、明日の打ち合わせで改めてご説明させていただきたいと思います。

② 今日の会議で結論に達しなかったため、改めて話し合いの場を設けることにした。

会話

会話 1 許可を求める・許可をする① 🎧39

【タインさんは、再来月に休暇を取る許可を求めるために、高島課長の席に行った。】

タイン：課長、ちょっとよろしいでしょうか。

高島：はい、どうしましたか。

タイン：**実は再来月、国の友人の結婚式がありまして……。**

高島：そうなんですか。

タイン：それで、結婚式に出席するために、**9月1日から**

4日まで4日間、休ませていただきたいんですが……。

高島：**分かりました。** では、休んでいる間の仕事について、周りの人にきちんと話して

おいてくださいね。

タイン：はい。ありがとうございます。

会話 2 許可を求める・許可をする② 🎧40

【王さんは、早退の許可を求めるため、高島課長と話している。】

王：**実は、今朝から寒気がするんです。**

高島：確かに顔も赤いですね。

王：ええ、少し熱もあるようなので、**午後から早退させて**

いただけないかと思いまして……。

高島：ええ、**いいですよ。** 帰りに病院に寄ったほうがいいですよ。

王：はい、そうします。ありがとうございます。

会話 3 許可を求める・許可をしない 🎧41

【高島課長が九州物産の戸田部長に来週送る提案書について電話で話している。】

高島：来週の月曜日にお送りする新製品の提案書の件なんですが、モニター調査のデータ

が火曜日に出るという連絡が調査会社からございまして……。

戸田：モニター調査のデータですか。

高島：ええ。そのデータも見ていただければと思いますので、**提案書を水曜日にお送りし**

てもよろしいでしょうか。

戸田：**申し訳ございませんが、社内での打ち合わせの日程を調整済みでして……。**

高島：そうですか。

戸田：ご準備いただける資料を月曜日にお送りいただけませ

んでしょうか。

高島：承知いたしました。

ポイント

許可を求めるときは、まず相手の都合を聞き、前置きをしてから話します。声や表情にも注意します。自分が許可を求められ断る場合は、理由や事情、ほかの代替案などを言います。

When requesting permission for something, first ask the other person's availability, and then explain the background of the request. Be careful of your tone and expression. When someone makes a request of you, and you refuse, explain the reason, situation, or suggest alternate options.

请求别人的许可时，要先问一下对方是否方便，然后说几句开场白。还要注意声音和表情。在回绝别人请求自己的许可时，要说明理由和情况以及提出其他的替代方案等。

Khi xin phép, trước tiên hỏi đối phương có tiện không, sau lời mở đầu thì nói chuyện, chú ý giọng điệu và biểu cảm. Khi có ai đó xin phép mình, trường hợp từ chối nêu rõ lí do, đề ra phương án thay thế.

●会話の流れ

会話 1・2・3 許可を求める・許可をする／許可をしない

1 相手の都合を聞く

Ask the other person's availability.

询问对方是否方便。

Hỏi đối phương có tiện không.

A

2 前置きをする

Explain the background.

开场白。

Nói lời mở đầu.

A

3 許可を求める

Request permission.

请求对方的许可。

Xin phép.

A

4 許可をする／許可をしない

（理由や事情、代替案を言う）

Give permission/Do not give permission (explain your reasons, situation, and suggest alternatives).

许可／不许可。（说出理由、情况和替代方案）

Cho phép/ không cho phép (nói rõ lí do, phương án thay thế).

B

5	会話を終わらせる
	End the conversation.
	结束对话。
	Kết thúc hội thoại.

● 会話の表現

❶ 許可を求めるときの前置き

【参考】 2課 ●会話の表現 ❶ 話題を提示する

> ［これから話す話題を述べる］
>
> ～の件（けん）ですが、～。／……。
>
> ～ことになったんですが、～。／……。
>
> ～があるんですが、～。／……。
>
>
> ［許可を取りたい理由を述べる］
>
> （実は）～でして／まして……。
>
> （実は）～んですが、～。／……。
>
> ～ので／～ために、～。

❷ 許可を求める

> | ～たいんですが、 | よろしいでしょうか。 | |
> |---|---|---|
> | ～ても | かまわないでしょうか。 | より丁寧 |
> | Nでも | いいでしょうか。 | |
>
> ～（さ）せていただけないかと思いまして……。
>
> ～（さ）せていただきたいんですが……。
>
> ［謙譲語Ⅰ］たいんですが……。

例１）【提出する書類の金額をもう一度確認したい。】

私：ちょっと電卓をお借りしてもよろしいでしょうか。

例２）【宅配便業者が来たので荷物を受け取ったが、印鑑を今持っていない。】

私：すみません。こちらサインでもかまわないでしょうか。

例３）【総務部の部屋の前の廊下にいすが置かれていて通りにくい。】

私：すみません、ちょっとこのいす、部屋に入れてもいいでしょうか。

❸ 許可する

差し支えございません。／ありません。

問題ありません（よ）。

どうぞ（〜てください）。

かまいません（よ）。

分かりました。

いいです（よ）。

より丁寧

例1）【明日打ち合わせをすることになっている取引先から、電話がかかってきた。】

取引先：打ち合わせの日にちを明後日に変更させていただきたいんですが……。

私：ええ、差し支えございません。お時間はいかがいたしましょうか。

例2）【後輩に資料の作成を頼んだ。】

後輩：すみません、急ぎの仕事があるので、そちらが終わってからでもよろしいでしょうか。

私：かまいませんよ。これは今週中にできればいいので……。

❹ 許可しない

申し訳ございませんが、〜ので／〜でして／〜まして……。

すみませんが、〜ので／〜でして／〜まして……。

例）【取引のない会社から電話がかかってきた。】

会社：これからそちらに伺って御説明させていただきたいんですが……。

私：申し訳ございませんが、本日は終日会議が入っておりまして……。

●練習しよう1

❶ 許可を求める

例）【上司に／来週金曜日、朝、外部のセミナーに参加する。／直行する必要がある。】

私：来週の金曜日、朝から外部のセミナーに参加しますので、直行してもよろしいでしょうか。

①【上司に／大切なお客様が来る。／明日の社内会議を欠席する。】

私：＿＿＿＿＿＿＿＿＿＿＿＿＿＿＿＿＿＿＿＿＿＿＿＿＿＿＿

②【上司に／今から荷物を出しに郵便局に行く。／席を外す。】

私：＿＿＿＿＿＿＿＿＿＿＿＿＿＿＿＿＿＿＿＿＿＿＿＿＿＿＿

11

許可

❷ 許可する

例)【上司に声をかけられた。】

上司：明日の会議なんだけど、10時じゃなくて、午後3時からに変更してもいいかな？

私：はい、<u>問題ございません。</u>

① 【打ち合わせで営業部に来た企画部の人に声をかけられた。】

企画部の人：企画部に内線をかけたいので、お電話をお借りしたいんですが……。

私：はい、＿＿＿＿＿＿＿＿＿＿＿＿＿＿＿＿＿

② 【同僚に声をかけられた。】

同僚：すみません、エアコンを弱くしてもいいでしょうか。

私：ええ、＿＿＿＿＿＿＿＿＿＿＿＿＿＿＿＿＿

❸ 許可しない

例)【上司に声をかけられた。／午後は浪速物産の山本課長が来る。】

上司：明日の会議なんだけど、10時じゃなくて午後2時からに変更してもいいかな？

私：すみませんが、午後は浪速物産の山本課長がいらっしゃることになっていまして……。

① 【電話で／就職活動中の学生から問い合わせがあった。／個別の社内見学は断っている。】

学生：お忙しいところ恐縮ですが、御社を見学させていただけないかと思いまして……。

私：[1]＿＿＿＿＿＿＿＿＿＿＿＿＿、[2]＿＿＿＿＿＿＿＿＿＿＿

② 【先輩に／私の席の後ろに、チームで使っているホワイトボードがある。／この後の会議で使うことになっている。】

先輩：このホワイトボード、今日借りてもいい？　うちのチームの、がたがたしてて壊れそうなんだ。

私：[1]＿＿＿＿＿＿＿＿＿＿＿＿＿、[2]＿＿＿＿＿＿＿＿＿＿＿

●練習しよう2

例)【上司に／昨日提出した資料に間違いがあったので今日もう一度提出する許可を求める。】

私：今、<u>お時間よろしいでしょうか。</u>

上司：ええ。

私：<u>実は、昨日提出した資料に誤りがありまして……。</u>

上司：そうなんですか。

私：はい。<u>今から訂正して、本日出し直させていただきたいんですが……。</u>

上司：いいですよ。

私：ありがとうございます。すみません。

① 【上司に／明日、東西貿易との打ち合わせの時間が早まったので、朝、直行したい。】

私：今、[1] _____

上司：ええ。

私：[2] _____

上司：そうなんですか。

私：はい。[3] _____

上司：分かりました。

私：ありがとうございます。失礼いたします。

② 【取引先の人と／電話で／取引の件で井上社長に直接相談したいことがある。なるべく早く会いたい。】

私：お世話になっております。東京商事の［あなたの名前］です。

取引先：お世話になっております。

私：今、[1] _____

取引先：ええ。

私：[2] _____

取引先：はい、お取引の件ですね。

私：それで、[3] _____

取引先：申し訳ありませんが、本日お時間が取れず……。明日以降でもよろしければ、今、スケジュールを確認いたしますが。

私：そうですか。ではお手数ですが、確認していただけないでしょうか。

143

●ロールプレイ

①

役割：社員Ａ　　　　　　　　　11-1 相手：課長Ｂ 状況：明日からの商品見本市の展示品を運びます。荷物をまとめましたが、持ち運ぶには多すぎます。会社には社用車があります。 タスク：課長に社用車の使用許可を求めてください。	役割：課長Ｂ　　　　　　　　　11-1 相手：社員Ａ 状況：明日から商品見本市があります。今日は、荷物を運びますが、荷物が多い場合は、社用車を使うことができます。 タスク：Ａさんの話を聞いて、許可してください。

②

役割：社員Ａ（東京商事営業部）　11-2 相手：課長Ｂ（東京商事営業部） 状況：明日、大阪商会から紹介された関西商会を初めて訪問します。もともとの予定にはありませんが、新入社員Ｃさんも同行させたいです。 タスク：Ｃさんの同行について課長に許可を求めてください。	役割：課長Ｂ（東京商事営業部）　11-2 相手：社員Ａ（東京商事営業部） 状況：明日新入社員のＣさんは研修のため、終日社外に出る予定ですが、新入社員Ｄさんは予定がありません。 タスク：Ａさんの話を聞いて、対応してください。

チャレンジ

役割：社員Ａ　　　　　　　　　11-α 相手：課長Ｂ 状況：明日までに引っ越しの手続きを区役所でしなければなりません。そのため、手続きを済ませてから出勤したいです。会社の始業時間は９時で、明日は10時半から会議があります。区役所に寄ると10時すぎに会社に着きます。 タスク：課長に明日の朝の遅刻の許可を求めてください。	役割：課長Ｂ　　　　　　　　　11-α 相手：社員Ａ 状況：明日、10時半からＡさんも参加する会議があります。できれば、会議の前に少し打ち合わせをしたいです。午後からは、Ａさんが会社にいなければならない予定は特にありません。 タスク：Ａさんの話を聞いて、対応してください。

まとめ

▶ できるようになりましたか。

1. 許可を求めるときの表現を覚えて、滑らかに言うことができる。　☐ ☐ ☐ ☐

2. 許可をするときと断るときの表現を覚えて滑らかに言うことができる。　☐ ☐ ☐ ☐

3. 相手を嫌な気持ちにさせずに許可を断ることができる。　☐ ☐ ☐ ☐

4. 会話の流れを意識して、誰かに許可を求めることができる。　☐ ☐ ☐ ☐

▶ ポイント

・許可を求める内容が、所属チームや課、部、会社全体の業務に影響する可能性がある場合は、上司や同僚に事前に相談し、引き継ぎなどをして迷惑をかけないようにしておく。その後、上司に正式に許可を願い出る。

・許可を願い出るときは、メールなどで連絡するのではなく、なるべく直接話すか電話で連絡する。

・許可を求めるときも求められたときも、相手を嫌な気持ちにさせない表現を使うようにする。

● もっと考えてみよう

ケーススタディ

　今朝、国の先輩からあなたにメールで連絡があり、「今日、日本に行くから、明日1日案内してほしい」と頼まれました。とてもお世話になった先輩なので、ぜひ案内してあげたいです。あなたには今、急いでやらなければならない仕事はありませんが、周りの同僚や先輩はとても忙しそうです。こんなとき、あなたならどうしますか。

意見交換
（いけんこうかん）

はじめに

　仕事を円滑に進めるために会議や打ち合わせがよく開かれます。会議に参加する前に何をするべきか、また、会議で意見を言いたいときはどんなことに気を付ければいいか、学びましょう。

読解 🎧42

　会社には、打ち合わせや会議などの意見交換の場がある。打ち合わせは、部や課、あるいはチームといった小規模で行われることが多く、会議は部門を超えて担当者が集まって行われることが多い。会議の前に、出席者には日時や場所、参加者や議題についての案内があり、事前に目を通しておくべき資料が配布されることもある。

　ある企業に入社してまだ半年のＡさんは、会議に出席するように言われた。会議の参加者は20名で、その中には他部門の部課長などもいた。Ａさんは、新人が意見を求められることはないだろうと、資料をよく読まずに出席した。会議では、理解できない話が続きメモも取れなかった。そんな中、突然「Ａさんはどう思いますか。」と、議長に意見を求められた。Ａさんは、何が話題になっているのかさえも全く分からなかった。何か意見を言わなければと[1]思いつつ、何も言えずにいると、「資料は読んできたんですか。」と言われてしまった。新人でも何も言わないのは[2]さすがにまずいと思ったＡさんは、その後は積極的な態度を示そうと、思いついたことをすぐに質問するようにしたのだが、ほかの参加者の発言を遮ってしまった。Ａさんは[3]この会議をきっかけに、新人であることに甘えている自分に気付いたのだった。

　意見交換の場では、受け身の態度は良くない。[4]出席するにあたり、準備や注意すべきことは多い。事前に過去の議事録や資料に目を通し、意見や質問を明確にしておくといいだろう。会議中はほかの出席者の発言に耳を傾け、メモを取る。そして、自分が発言するときは根拠とともに意見を述べる。事前に準備した意見や質問は[5]議論の流れに沿って調整し、その場に適した内容の発言をする。新人や専門外の会議の場合、自分が考えつくことが議論のレベルと合わない場合もあるので、発言をする際はその内容やタイミングを十分に考える必

要がある。

　自分の意見がまとまらない場合や、特に意見がないときに「意見はありません。」と言うのは議論に対する無関心さを示すことになるので、そのようなときは「もう少し考えさせてください。」などと言えば、前向きな姿勢を示すことができる。質問したいときはタイミングを見て「質問させていただいてもよろしいでしょうか。」と議長に許可を求めてから質問する。その際、「基本的なことかもしれないので恐縮ですが」とか「不勉強で申し訳ないのですが」などと最初に謙虚な姿勢を示すとよいだろう。

　気を付けなければならないのは、ほかの参加者の意見に対して反対意見を述べるときである。日本語では他者の意見を直接的に否定するような表現を使わない傾向がある。それは、相手を立てる、尊重するというマナーの基本が反映されているからである。したがって、そのような6マナーもかまわず相手の意見を直接否定すると、相手を傷つけることになる。反対意見を言うときは、「お考えはよく分かりますが」などと、まずは相手の意見を尊重して受け入れる姿勢を示した上で、自分の考えを伝えその根拠を示すと、反対意見も周囲に伝わりやすくなる。反対に、自分の意見に対して「お考えはよく分かりますが」とか「そういう見方もありますね」と言われたとき、相手も同じ意見だと思わないように気を付けたほうがいい。「〜が」の後ろの部分には相手の意見があるものであるし、「〜もある」というのは別の見方もあるということを意味している。一番大切なことは、意見が合わず議論するようなことになっても、7あくまで冷静さを保ち、感情的に自分の意見を押し通すことはしないことである。意見交換の場においては、出席者皆で考え、より良い結論を導き出そうという姿勢が大切である。

●考えてみよう

1. 意見交換の場に出席する前に準備しておくべきことは何ですか。
2. 意見交換の場で相手の意見を直接否定しないのはなぜですか。

ケーススタディ

　あなたは通信販売の会社で働いています。他部署の人や上司と送料について会議をしています。ある同僚が送料の値下げを提案していますが、あなたはそれに全く賛成できません。この後その提案について発言しようと思っていますが、あなたならどのように話しますか。

147

❶ V マスつつ 👔

動作の同時並行や逆接を表す。

Indicates an action taking place at the same time as V or a contrastive conjunction.
表示动作的同时进行或逆接形式。Diễn tả động tác đồng thời cùng lúc và ngược lại.

① レタスの輸送においては、コストを抑えつつ、新鮮な状態で出荷できるよう工夫しております。

② 締め切りが近いので、早く企画書を作成しなきゃと思いつつ、いいアイデアが浮かんでこない。

❷ さすがに 副

前の事柄について内容は認めるが、それに反することを言うときに使う。

Means "it is true but still ...," Used to indicate a contrastive opinion, while accepting the content said beforehand.
到底还是。用于虽然对前面事情所说内容表示认可，但说的却是与这一内容相反的事情。
Vẫn vậy. Sử dụng khi công nhận nội dung sự việc phía trước nhưng nói trái lại với nó.

① いい商品を作るためなら、多少予算を増やすことも考えているが、さすがにこの金額では高すぎて無理だ。

② 多少ミスをしても新人だからと大目に見ていたが、こんなに何度もしていたらさすがに注意しなければならない。

❸ N をきっかけに（して）

N が何かを始める機会であることを表す。「N を機に」という意味。

Indicates the N is an opportunity to begin doing something. Means "taking the opportunity of N."
表示 N 是开始做某事的机会。意思是 "以 N 为契机"。Diễn tả "N là cơ hội" để bắt đầu một cái gì. Có ý nghĩa "nhân cơ hội N".

① 大学時代に体験したインターンシップをきっかけに、将来やりたい仕事を見つけることができた。

② 新しい制度をきっかけにして、日本で働く外国人はますます増えていくだろう。

❹ ～にあたり 👔　　　参考 ～にあたって、～。／～にあたっての N

┌─────────────────────────┐
│ 接続　V ル　＋　にあたり │
│　　　　N　　＋　にあたり │
└─────────────────────────┘

「何かの重要な出来事や時期を前にしてそのときに」という意味。

Means "at the time before doing something very important/an important time."
意思是 "在某个重要事件或时期到来之时"。Mang ý nghĩa "tại thời điểm đó, trước một số thời điểm hoặc sự việc quan trọng".

① 今年は、創立100周年を迎えるにあたり、メモリアルイヤーとして様々なイベントを開催する予定だ。

② 本サイトのご利用にあたり、利用規約に同意していただく必要があります。

❺ Nに沿って　　　　　　　　　　　　　　　　　　　参考 ～に沿ったN

「Nに合うように」「Nからずれないで」という意味。

Means "to fit with N," or "so as not to be different from N."
意思是 "要符合N" "别偏离N"。
Mang ý nghĩa "bám theo N", "không lệch ra khỏi N".

① それでは、レジュメに沿って説明いたします。

② 工場にある機械は全てマニュアルに沿って操作すれば安全に動かすことができます。

❻ ～もかまわず

┌───┐
│ 接続　N　　　　　　　　　　＋　もかまわず │
│ 　　　[普通形]　＋　の　＋　もかまわず │
│ 　　※ Naダ→な・である　Nダ→な・である │
└───┘

「～を気にしないで」「～を考慮しないで」という意味。

Means "do not worry about ~" or "do not consider ~."
意思是 "别在意～" "不用考虑～"。
Mang ý nghĩa "đừng để ý~", "đừng ngần ngại~".

① 役員からの反対意見もかまわず、社長は自身の経営改善案を実行すると主張した。

② プレゼンに失敗し、帰りの電車の中でほかの人が見ているのもかまわず泣いてしまった。

❼ あくまで　副

強い決意を表したり、前に述べたことを修正しながら主張したりするときに使う。

Used to indicate a strong resolve, or to make an emphasis as you correct the previous statement.
用于表示下了很大的决心，或在修改之前所发表的意见的同时，仍坚持自己的主张时。
Sử dụng khi vừa khăng khăng ý kiến của mình vừa sửa ý kiến trước đó, diễn tả quyết định mạnh.

① 原材料が高騰する中でも、お客様のためにあくまで値上げはしないつもりだ。

② AIの活用が注目されているが、AIはあくまで補助的な役割にすぎない。ビジネスにおいて重要な、お客様との信頼関係は人と人とのやり取りでできるものだと思う。

会話

【営業部の社員と人事部の社員が会議を行っている。新人研修について話し合う。】

[会議出席者]

・高島（営業部営業一課課長）

・タイン（営業部営業一課）

・北村（人事部人事課長）

ほか

高島：それでは、次の議案の新人研修についてですが、人事部のお考えを聞かせていただけませんか。

北村：私どもは、外国人の新人も日本人の新人と一緒に研修させてはどうかと思います。と申しますのは、経費削減の方針もあり、新人研修費用も抑えたいというのもありますし、外国人と日本人が研修で交流することで、異文化理解といった効果も期待できると思いまして……。

高島：確かにおっしゃる通りですよね。では、外国人社員の立場から見て、タインさんはいかがですか。

タイン：北村課長がおっしゃったように、外国人と日本人が研修を一緒に行えば、研修で異文化についても同時に理解できますが、私の場合ですと、日本のビジネスマナーを学ぶ機会があまりなく、ほぼゼロから学ぶ必要がありました。私のような外国人が多いということを考えますと、外国人を対象とした研修のほうがよりためになるのではないかと思うのですが……。

北村：そうですね。確かに日本人の新入社員と必要な研修の内容は違うかもしれません。ただ、別々にやると、会場も担当者も倍必要になるわけですから、やはり時間や費用の点が問題になるかと……。

高島：確かにそれは重要な点ですが、そもそも新人研修の目的は会社や社会人としてのマナーの基本を身に付け、1日も早く戦力として働けるように導くことですから、それが確実に達成される方法を考えるべきではないでしょうか。例えば、外国人と日本人が一緒に研修を受ける部分と、別々に受ける部分の2部に分けるのはいかがでしょうか。

タイン：そうですね。**賛成**です。

北村：はい、**私も賛成**です。では、次の会議までに研修の構成案をまとめておきます。

高島：よろしくお願いします。それでは、次の議案に移りましょう。

・・・・・・・・・

＼ ポイント ／

ほかの参加者の意見を踏まえて、自分の意見を話します。反対意見を言うときも、根拠を示しながら、相手を嫌な気持ちにさせないよう冷静に自分の意見を言います。

Express your opinion, taking into account the opinions of others. When expressing an opposite opinion, calmly explain your opinion, while explaining the reason, without causing the other person to feel negatively.

在听取考虑了其他与会者的意见之上，阐述自己的意见。发表反对意见时，也要在出示证据的同时，冷静地说出自己的意见，以免让对方感到不快。

Xem xét ý kiến của người khác, nói ý kiến của mình. Khi không đồng ý, hãy thể hiện lý lẽ và bình tĩnh bày tỏ ý kiến của mình để không làm mất lòng người khác.

●会話の表現

❶ 自分の意見を述べる

（1）意見→根拠

～と／～ではないかと／～はどうかと思います。	なぜ（～）かと申しますと、～。
～ではないでしょうか。	と申しますのは／と申しますのも、～。
～は／～ては／～ではいかがでしょうか。	～と思いまして……。
	～です／ますので……。
	～です／ますし……。

（2）根拠→意見

～です／ますので、	～と思います。
～もあり、	～ではないかと思います。
～です／ますし、	～ではないでしょうか。

例1）【毎年イベントを無料で開催しているが、来場者が増え、安全面が心配されている。】

私：次回から入場を有料にしてはいかがでしょうか。来場者数が増加しておりますし、警備員の増員なども必要ではないかと思いまして……。

例2）【スーパーの新店舗の出店先について会議をしている。】

私：新店舗の出店先はさくら駅前がいいのではないかと思います。と申しますのも、最近、駅の近くに新しいマンションが3棟建設中で、住民のさらなる増加が期待できますので……。

151

② 相手の意見に賛成する

[ほかの人の意見に賛成・納得する
→ その理由や別の視点を述べてほかの人の意見を後押しする]

（私も）（○○さんのご意見に）賛成です。	と申しますのは／のも、～。
私もそう思います。	～です／ますので……。
○○さんがおっしゃる通り、～。／だと思います。	例えば□□の場合、～。
確かにおっしゃる通りですよね。	～（ということ）を考えますと、～。

例）【来月開催するマラソン大会の暑さについて話している。】

A：昨年も給水所を増やしたり、扇風機を置いたりしましたが、それは参加者への対策で、今年は観客に対する暑さ対策も必要ではないかと思います。

B：私もそう思います。Aさんがおっしゃる通り、夏の暑さを考えますと、参加者はもちろん観客が安全に応援できるように、観客用の休憩所や扇風機も必要だと思います。

③ 相手の意見に反対する

相手の意見を受け止める　→　自分の意見とその根拠を述べる
[相手の意見を受け止める]

確かに～です／ますが、～。

○○さんがおっしゃったように、～です／ますが、～。

□□の視点で考えると、～です／ますが、～。

[自分の意見とその根拠を述べる]

～です／ますので、	～と思いまして……。
～ということを考えますと、	～（ではないか／はどうか）と思うのですが……。

✕　それは違うと思います。／○○さんの意見は間違っています。／私はそうは思いません。

※相手の意見に反対する場合、必ず相手の意見を受け止めたり、納得したりする一言を入れてから自分の意見を言う。

When you are opposed to another person's opinion, be sure to include a comment that you accept or understand their opinion before stating your own.
反对对方意见时，一定要先说上一句理解或接受对方意见的话，然后再陈述自己的意见。
Nếu không đồng ý với ý kiến của người khác, hãy chắc chắn có một từ mà mình bị thuyết phục hoặc chấp nhận ý kiến của người khác trước khi bày tỏ ý kiến của mình.

例）【通信販売の売り上げを伸ばすための方法について会議をしている。】

A：送料を無料にするのはどうでしょうか。新しいお客様に使っていただけると思います。

B：Aさんがおっしゃったように、送料が無料になるのはお客様にも喜ばれることだと思いますが、弊社の負担が大きくなりますので、まずは取り扱っている商品を見直すことから始めてみたほうがよいのではないかと思うのですが……。

●練習しよう1

1 自分の意見を述べる

例）【試作品のサンプルが届いた。花柄と水玉模様のどちらかを商品化する予定だ。】

　　私：花柄のほうがいい・明るい印象になる

　　→ 私は花柄のほうがいいと思います。明るい印象になると思いますので……。

①【プレゼントキャンペーンの応募方法について話している。】

　　私：はがきでも受け付けたほうがいい・スマホなどの操作に慣れていない人がいる

　　→ ＿＿＿＿＿＿＿＿＿＿＿＿＿＿＿＿＿＿＿＿＿＿＿＿＿＿＿＿＿

②【キャッチコピーの案として、A～E案が挙がった。】

　　私：A案がいい・聞いたときに印象に残る

　　→ ＿＿＿＿＿＿＿＿＿＿＿＿＿＿＿＿＿＿＿＿＿＿＿＿＿＿＿＿＿

2 相手の意見に賛成する

例）【新店舗のフレンチレストランの内装について話している。】

　　A：私は、明るくて清潔感のある、白を基調にした内装にするのがいいと思います。

　　私：料理がきれいに見える

　　→ Aさんがおっしゃった通り、私も白がいいと思います。料理もきれいに見えますので……。

①【新店舗のフレンチレストランの内装について話している。】

　　A：内装は、木材を使ったナチュラルなインテリアにするのはどうでしょうか。

　　私：リラックスできる雰囲気になる

　　→ ＿＿＿＿＿＿＿＿＿＿＿＿＿＿＿＿＿＿＿＿＿＿＿＿＿＿＿＿＿

12

意見交換

153

② 【来店者数を増やすために、何ができるかについて話している。】

　A：店舗内にキッズコーナーを設けたらどうかと思います。

　私：小さいお子さんがいても安心して来店できる

　　→ ＿＿＿＿＿＿＿＿＿＿＿＿＿＿＿＿＿＿＿＿＿＿＿＿＿＿＿＿＿

❸ 相手の意見に反対する

例)【店のポイントカードについて会議をしている。】

　A：どの店もポイントカードがあってそれぞれのポイントカードを持ち歩くのは面倒だ
　　というお客様からの声もあります。私はポイントカードをなくしたほうがいいと思
　　います。

　私：現在の当社のはポイントがたまりやすくていいと常連客が言っている

　　→ 確かに、どの店もポイントカードがあってカードが増えてしまいがちですが、当社
　　のはポイントがたまりやすくていいと常連のお客様にご好評いただいていると思う
　　のですが……。

① 【経費削減のため、配送サービスを廃止するかどうか話している。】

　A：配送サービスは利用者数も少ない上に、利益にはつながらないので廃止したほうが
　　いいと思います。

　私：重い荷物を持てない高齢者には好評で、高齢化社会には必要なサービスだ

　　→ 確かに、そのような点もありますが、＿＿＿＿＿＿＿＿＿＿＿＿＿＿＿＿＿＿

　　＿＿＿＿＿＿＿＿＿＿＿＿＿＿＿＿＿＿＿＿＿＿＿＿＿＿＿＿＿＿＿＿＿＿＿＿

●練習しよう2

例)【新商品のスナック菓子のサンプルを試食する。わさび味と明太子マヨネーズ味がある。】

上司：明太子マヨネーズ味のほうがいいのではないでしょうか。

　私：(賛成) 私も明太子マヨネーズ味のほうがいいと思います。わさびもおいしかったの

　　　ですが、マヨネーズの味がこのスナックにより合っていると思いまして……。

①先輩：ラウンジのいすはプラスチック製がいいと思います。多くの人が利用しますので、

　　　もし汚れてもすぐに掃除ができますから。

　私：(賛成) _____

　　　_____

②先輩：社員食堂を廃止するのはどうでしょうか。維持費もかかりますから……。

　私：(反対) _____

　　　_____

③課長：社員が地域のボランティア活動に参加するのはどうですか。地域の人に当社をより

　　　身近に感じてもらえると思います。

　私：(あなたの意見) _____

　　　_____

●ロールプレイ

①

役割：社員A　　　　　　　　12-1	役割：社員B　　　　　　　　12-1
相手：社員B	相手：社員A
状況：職場環境改善の会議をしています。会社のオフィス内で席を決めず、毎日好きなところに座るシステムに変更するのがいいと思っています。	状況：職場環境改善の会議をしています。Aさんから提案があります。
タスク：自分の意見を提案してください。Bさんの意見も聞いて、上手に話し合いを進めてください。	タスク：Aさんの意見を聞いて、自分の意見を言ってください。そして、上手に話し合いを進めてください。

②

役割：社員A　　　　　　　　12-2	役割：社員B　　　　　　　　12-2
相手：社員B	相手：社員A
状況：部内の連携強化について会議をしています。先輩社員と後輩社員のコミュニケーションを深めるために、毎月最終水曜日の終業後に交流会を設けるのがいいと思っています。	状況：部内の連携強化について会議をしています。Aさんから提案があります。
タスク：自分の意見を提案してください。Bさんの意見も聞いて、話し合いを進めてください。	タスク：Aさんの意見を聞いて、自分の意見を言ってください。そして、上手に話し合いを進めてください。

チャレンジ

役割：社員A　　　　　　　　12-α	役割：社員B　　　　　　　　12-α
相手：社員B	相手：社員A
状況：あなたの会社はビニール傘を販売しています。最近、日本へ来る外国人観光客や、日本の商品をいいと言ってくれる海外の人が増えています。	状況：あなたの会社はビニール傘を販売しています。最近、日本へ来る外国人観光客や、日本の商品をいいと言ってくれる海外の人が増えています。
タスク：今後、どのようにしたらあなたの会社の商品を使う海外のお客様を増やせるか、自分の意見を提案してください。Bさんの意見も聞いて、上手に話し合いを進めてください。 ※商品を売る場所という点から考えてください。	タスク：今後、どのようにしたらあなたの会社の商品を使う海外のお客様を増やせるか、Aさんの意見を聞いて、自分の意見を言ってください。そして、上手に話し合いを進めてください。

12

意見交換

まとめ

▶ できるようになりましたか。

	できる	なんとかできる	あまりできない	できない

1. 意見交換のための表現を覚えて、滑らかに言うことができる。　☐ ☐ ☐ ☐

2. 相手の意見に賛成する表現や反対する表現を覚えて滑らかに言うことができる。　☐ ☐ ☐ ☐

3. 相手の意見に反対するときは、相手を嫌な気持ちにさせずに意見を述べることができる。　☐ ☐ ☐ ☐

4. 根拠を述べる表現を使って、説得力のある意見を言うことができる。　☐ ☐ ☐ ☐

▶ ポイント

・会議や打ち合わせの前には資料やこれまでの議事録に目を通したり、質問や意見をまとめたりしておく。

・発言の内容、タイミングを十分に考え、自分の発言には責任を持つ。

・意見交換の場においては、参加者の意見を受け止め、それを踏まえた上で冷静に自分の意見を述べる。

● もっと考えてみよう

ケーススタディ

　あなたは部内の会議に出席しています。あなたはある提案をしました。すると、課長から「もっと深く考えて発言しなさい。」と言われました。あなたの提案は会議の直前に部長から会議の場で提案するように指示されたものでした。こんなとき、あなたならどうしますか。

付録　敬語

<ruby>付録<rt>ふろく</rt></ruby>　<ruby>敬語<rt>けいご</rt></ruby>　　　　参考　敬語の指針　平成 19 年 2 月 2 日　文化審議会答申

❶ 敬語についての考え方

・敬語は、話している人が、相手や周囲の人、場の状況についての尊敬や謙遜、改まりの気持ちを表す重要な言語表現である。

・互いに尊重し合い、相手に配慮する気持ちを持って、その気持ちに合う表現を選んで使用することが重要である。

・ビジネスの場面では敬語を使うべき場面で使わないと、相手に配慮する気持ちが表現できず、相手に失礼になる。

・Honorific expressions are important linguistic expressions used to convey respect, humility, or a formal impression of the person that the speaker is talking to or the surrounding people, place or situation.
・It is important to select and use expressions that show mutual respect and have consideration for the other person.
・In a business setting, if you do not use honorific expressions, you will not express consideration for the other person, and it will be rude to them.
・敬语是说话人对说话对象、周围的人以及说话场面的状况表示尊敬、谦逊及郑重的心情的重要语言表达方式。
・怀着互相尊重，体谅对方的心情，选择使用与这种心情相符的表达是很重要的。
・如果在商务场面，本该使用敬语的场合却不用的话，就无法表达对对方心情的理解，而显得不尊重对方。
・Kính ngữ là cách diễn đạt từ ngữ rất quan trọng trong việc thể hiện điều chỉnh cảm xúc, tôn trọng, khiêm tốn mà người đang nói diễn đạt về tình huống tại đối phương, người xung quanh, địa điểm.
・Tôn trọng lẫn nhau, quan trọng nhất là sử dụng những từ ngữ phù hợp với tâm trạng đối phương, quan tâm đối phương.
・Trong kinh doanh, nếu không dùng kính ngữ ở những nơi phải dùng, sẽ không bày tỏ được hết cảm xúc quan tâm đối phương, trở nên bất lịch sự với đối phương.

❷ 敬語の種類

尊敬語　「いらっしゃる・おっしゃる」型

相手やほかの人の行為などについて、その人を高く位置付けて述べる。

Used to describe the actions of the person whom you are speaking to or another person and rank them in a higher position than yourself.
关于对方或其他人的行为等，把他定位于较高的位置上来讲。
Mô tả hành động của người khác hoặc đối phương bằng cách đưa người đó lên vị trí cao.

謙譲語 I　「伺う・申し上げる」型

自分側の行為や物事について、その行為などが向かう先の人を高く位置付けて述べる。

Used to describe your actions or tasks, while ranking the person for whom you are performing those actions or tasks in a higher position than yourself.
关于自己一方的行为或事物，则把这些行为等所面向的人定位于较高的位置来讲。
Đối với những sự việc và hành động của mình hướng đến người khác thì đưa người đó lên vị trí cao.

謙譲語 II（丁重語）　「参る・申す」型

自分側の行為や物事について、会話や文章の相手に対して丁重に述べる。

Used to politely address a person in speech or writing when discussing your actions or tasks.
关于自己一方的行为和事物，郑重有礼貌地讲给或写给对话和文章的对方。
Những sự việc và hành động của mình bày tỏ một cách lịch sự đối với những người mình nói hoặc viết đến.

| 丁寧語 | 「です・ます」型 |

会話や文章の相手に対して丁寧に述べる。

Used to politely address a person in speech or writing.
有礼貌地讲给或写给对话和文章的对方。
Bày tỏ một cách trang trọng, lịch sự đối với đối phương trong hội thoại và văn bản.

| 美化語 | 「お酒・お料理」型 |

物事を美化して述べる。行為をする人、行為の向かう先、会話や文章の相手に配慮して述べる。

A way to speak elegantly. Used to express consideration for a person performing an action, the object of an action, or a person you are addressing in speech or writing.
把所述事物美化。陈述时，顾及到行为人、行为面向的对象、对话或文章的对方。
Tôn lên vẻ đẹp của sự việc. Bày tỏ quan tâm đối phương trong hội thoại, văn bản, hành động hướng tới, người hành động.

❸ 敬語の形

| 尊敬語 |

（1）動詞

1）おＶマス／ごＮスルになる
　① お客様は本日は東京にお泊りになるそうです。
　② 区民の方は無料で施設をご利用になれます。

2）Ｖナイれる／られる
　① 社長が書かれたエッセイが新聞に載りました。
　② 部長がパーティーでお祝いの言葉を述べられました。

3）おＶマス／ごＮスルくださる
　① 取引先のＡさんが駅までお送りくださいました。
　② 社長が新規事業についてご説明くださいました。

4）おＶマス／ごＮスルいただく
　① 取引先のＡさんにパンフレットをお送りいただきました。
　② 社長に還暦のパーティーにご招待いただきました。

5) ご N スル なさる

① 社長は自伝をご執筆なさいました。

② 取引先のＡさんがご到着なさいました。

6) お V マス だ／です

ご N スル だ／です

「お／ご～になっている」の簡潔な言い方。「（これから）～する」「～した」という意味でも用いる。

Simplified version of "お／ご～になっている." Also used to mean "（これから）～する," "～した."
"お／ご～になっている" 的简洁说法。也用于"（これから）～する""～した"的意思时。
Là cách nói ngắn gọn của "お／ご～になっている". Được sử dụng như "（これから）～する" "～した".

① 部長がお呼びだよ。

② 中国からのお客様がご到着です。

③ こちらでお召し上がりですか。

7) 特定形

特定形がある動詞についてはほかの尊敬の形よりも特定形を優先して用いる。

For verbs that have special forms, these special forms take precedence over other respectful forms.
关于有特殊形式的动词，较之其他的尊敬形式，优先使用它的特殊形式。
Những động từ đặc biệt thì ưu tiên sử dụng hình thức đặc biệt hơn hình thức kính ngữ khác.

① 浪速物産のキム部長が受付にお見えになっています。

② 社員旅行の写真ができましたが、ご覧になりますか。

	尊敬語（動詞）特定形
行く・来る	いらっしゃる
来る	おいでになる［おいでになります］ お見えになる［お見えになります］ お越しになる［お越しになります］
いる	おいでになる［おいでになります］
見る	ご覧になる［ご覧になります］
知っている	ご存じだ［ご存じです］
着る	お召しになる［お召しになります］

（2）名詞・形容詞

1）お／ご N

原則として、和語の前には「お」を、漢語の前には「ご」を付けて尊敬を表す。

In principle, adding "お" or "ご" before a noun will indicate respect. "お" is prefixed to originally Japanese words, while "ご" is prefixed to words derived from Chinese.

原则上，固有的日语单词前加 "お"，汉语单词前加 "ご" 来表示尊敬。

Về nguyên tắc, diễn tả kính ngữ bằng cách trước tiếng thuần Nhật thì thêm "お", trước tiếng thuần Hán thì thêm "ご".

① 部長、お荷物、お持ちしましょうか。

② こちらにお名前とご住所をお書きください。

2）N でいらっしゃる

「N です」の尊敬表現。

① 客：もしもし、明日の夜、予約をしたいんですが……。

　店員：何名様でいらっしゃいますか。

② 田中：田中と申しますが……。

　受付：田中様でいらっしゃいますね。お待ちしておりました。

3）お A

　お A くていらっしゃる

聞き手や第三者の状態について尊敬を表す。

Indicates respect for the listener or a third party.

对听者和第三者的状态，表示尊敬。

Diễn tả sự tôn trọng về trạng thái của người nghe hay trạng thái của người ở ngôi thứ 3.

① 今日のお着物、とてもお美しいですね。

② 今、社長はお忙しくていらっしゃるから、お話しする時間は取れないと思う。

4）お／ご Na

　お／ご Na でいらっしゃる

聞き手や第三者の状態について尊敬を表す。

Indicates respect for the listener or a third party.

对听者和第三者的状态，表示尊敬。

Diễn tả sự tôn trọng về trạng thái của người nghe hay trạng thái của người ở ngôi thứ 3.

① 浪速物産の山本課長はご多忙で、なかなかアポイントが取れない。

② お久しぶりです。お元気でいらっしゃいますか。

謙譲語Ⅰ

（1）動詞

1）おＶマス／ごＮスルする

おＶマス／ごＮスルいたす

※「する」より「いたす」のほうが丁寧度が高い。

①工事のため、ご迷惑をおかけします／いたします。

②明日、契約書をご送付します／いたします。

2）おＶマス／ごＮスル申し上げる

①お支払いは月末までにお願い申し上げます。

②中国からのお客様は私がご案内申し上げます。

3）特定形

尊敬語と同様に、いくつかの動詞は、謙譲語の特定形を持つ。

Similar to the respectful form, some verbs have a special humble form.
和尊敬语一样，有若干个动词有着谦逊语的特殊形式。
Có một số động từ mang hình thức đặc biệt của khiêm nhường ngữ cũng giống với tôn kính ngữ.

①Ａ：こちらが新商品のパンフレットです。ご覧ください。

　Ｂ：拝見します。

②Ａ：浪速物産のキム部長をご存じですか。

　Ｂ：お名前は存じ上げておりますが、お目にかかったことはありません。

	謙譲語Ⅰ（動詞）特定形
訪ねる	伺う［伺います］ ※「伺う」は「お伺いする」という形式でよく用いられる。
言う	申し上げる［申し上げます］
聞く	伺う［伺います］ 拝聴する［拝聴します］
見る	拝見する［拝見します］
尋ねる	伺う［伺います］ ※「伺う」は「お伺いする」という形式でよく用いられる。

会う	お目にかかる［お目にかかります］
知っている	存じ上げている［存じ上げています／存じ上げております］
知らない	存じ上げていない／存じ上げない ［存じ上げていません／存じ上げておりません／存じ上げません］
見せる	お目にかける［お目にかけます］ ご覧に入れる［ご覧に入れます］
受ける	拝受する［拝受します］
読む	拝読する［拝読します］
借りる	拝借する［拝借します］
もらう	いただく［いただきます］ 頂戴する［頂戴します］ たまわる［たまわります］
食べる・飲む	いただく［いただきます］ 頂戴する［頂戴します］

（2）名詞

1）お／ご N

高める相手に対する話し手の動作を表すときは謙譲語となる。

Used as the humble form when the speaker expresses his/her own actions to a person, while ranking that person in a higher position than him/herself.

在说话人对将其定位于较高位置的对方说自己的动作时，构成谦逊语。

Khiêm nhường ngữ dùng khi diễn tả động tác của người nói khi coi đối phương ở địa vị cao hơn mình (tôn trọng).

参考 尊敬語 お／ご N （高める相手の動作）

Actions of a person who has been ranked in a higher position than the speaker by using the respectful form.

将其定位于较高位置的对方的动作

Hành động của người coi đối phương ở địa vị cao hơn mình (mình tôn trọng)

① お得意様へ展示会のお知らせをさしあげる。

② 出欠のご連絡が遅くなりまして、申し訳ございません。

謙譲語Ⅱ（丁重語）

動詞

1）特定形

① A：最近、お仕事はお忙しいんですか。

　 B：ええ、明日から出張で海外に参ります。

② あ、タクシーが参りました。

	謙譲語Ⅱ（動詞）　特定形
行く・来る	［参ります］
言う	［申します］
する	［いたします］
いる	［おります］
思う	［存じます］
知っている	［存じています／存じております］
知らない	［存じていません／存じておりません／存じません］

※謙譲語Ⅱ（丁重語）はマス形で使う。

2）Nスルいたします

① A：この資料、誰が準備してくれたんですか。

　 B：私が準備いたしました。何か不備があったでしょうか……。

② A：忘年会の出欠の返事をまだいただいていないんですが……。

　 B：あ、すみません。参加いたします。

3）おVマス／ごNスルいたします

　 ※「する」より「いたす」のほうが丁寧度が高い。

① 工事のため、ご迷惑をおかけいたします。

② 明日、契約書をご送付いたします。

1）～です／～ます

　①Ａ：Ｂさん、来週のセミナーに行きますか。

　　Ｂ：ええ。行くつもりです。

　②Ａ：会議は何時からですか。

　　Ｂ：10時開始です。

2）～でございます

「Na／Ｎです」のさらに丁寧な言い方

An even more polite form of "Na／N です."
"Na／N です" 的更为谦恭的说法。
Là cách nói trang trọng của "Na／N です".

　①（電話）はい、東京商事、営業課でございます。

　②Ａ：すみません、会議室はどこですか。

　　Ｂ：こちらをまっすぐ行って突き当りでございます。

美化語

おＮ／ごＮ

※美化語として「ごＮ」はあまり使わない。

　①Ａ：お酒飲まれないんですか。

　　Ｂ：あまり得意ではなくて……。

　②Ａ：来週異動する山田さんにあげるお花を準備しましょうか。

　　Ｂ：よろしくお願いします。

　③Ａ：ご一緒に昼食をいかがですか。

　　Ｂ：ええ。よろしくお願いいたします。

❹その他

（1）改まった言い方

　ビジネス場面では改まった言い方が敬語表現といっしょに使われる。

In a business setting, formal language is used together with polite expressions.
在商务场面，郑重说法和敬语表达一起使用。
Trong kinh doanh, cách nói trang trọng cũng được sử dụng cùng với kính ngữ.

① 本日からこちらでお世話になります王静と申します。先週、中国の上海から参りました。よろしくお願いいたします。

② この度はセミナーの講師をお引き受けいただき、誠にありがとうございます。

	改まった言い方
今日	本日
明日	明日／明日
あさって	明後日
昨日	昨日
おととい	一昨日
去年	昨年
この前・この間	先日
さっき	先ほど
あとで	後ほど
今	ただ今
もうすぐ	まもなく
その日	当日
次の日	翌日
今度［今回］	この度
今度［次の回］	次回
今度［ほかの日］	後日
少し・ちょっと［時間］	少々
少し・ちょっと［量］	わずか
本当に	誠に
すぐ	至急

（２）自称・対称の使い分け

① 送料は弊社が負担いたします。

② 部長の奥様はお元気でいらっしゃいますか。

	話し手側（自称）	相手側（対称）
自分／相手	私	○○様
会社	弊社・私ども	貴社（書き言葉）・御社
同行者	同行の者	お連れ様
贈答品	（ほんの気持ち／つまらない物／心ばかりの品）	お品
夫	主人・夫	ご主人（様）・だんな様
妻	家内・妻	奥様
息子	息子・せがれ	息子さん・ご子息
娘	娘	お嬢さん・娘さん・ご息女
家	拙宅・自宅	お住まい・ご自宅

参考文献

石井隆之（2011）「MタイムとPタイムの文化論」『言語文化学会論集』36 号, pp. 277-292, 言語文化学会

エドワード・T・ホール［著］、岩田慶治・谷泰［訳］（1979）『文化を超えて』TBS ブリタニカ

エドワード・T・ホール［著］、宇波彰［訳］（1983）『文化としての時間』TBS ブリタニカ

蒲谷宏（2013）『待遇コミュニケーション論』大修館書店

菊地康人（1997）『敬語』講談社

菊地康人（2010）『敬語再入門』講談社

金田一春彦（1988）『日本語　新版（上）（下）』岩波書店

滝浦真人（2008）『ポライトネス入門』研究社

田窪行則編（1997）『視点と言語行動』くろしお出版

竹内靖雄（2000）『「日本人らしさ」とは何か―日本人の「行動文法（ソシオグラマー）」を読み解く―』PHP 研究所

福田一雄（2013）『対人関係の言語学―ポライトネスからの眺め―』開拓社

文化庁（2007）「敬語の指針」文化審議会答申

ペネロピ・ブラウン、スティーヴン・C・レヴィンソン［著］、田中典子［監訳］、斉藤早智子・津留﨑毅・鶴田庸子・日野壽憲・山下早代子［訳］（2011）『ポライトネス―言語使用における、ある普遍現象―』研究社

水谷修（1987）『話しことばと日本人―日本語の生態―』創拓社出版

三宅和子（1993）「感謝の意味で使われる詫び表現の選択メカニズム― Coulmas（1981）の indebtedness「借り」の概念からの社会言語的展開―」『筑波大学留学生センター日本語教育論集』8 号, pp. 19-38, 筑波大学

宮本ゆみ子［著］、石川和男［監］（2019）『最新ビジネスマナーと今さら聞けない仕事の超基本』朝日新聞出版

森山卓郎（1999）「お礼とお詫び―関係修復のシステムとして―」『国文学―解釈と教材の研究―』第 44 巻 6 号, pp. 78-82, 学灯社

山崎紅（2012）『ビジュアル　仕事の常識＆マナー』日本経済新聞出版社

著者

千駄ヶ谷日本語教育研究所（せんだがやにほんごきょういくけんきゅうじょ）
Sendagaya Japanese Institute（SJI）。1975 年開設。成人外国人を対象とする日常会話、ビジネス日本語等の実践的な日本語教育を展開。1976 年には日本語教師養成講座も開設し、国内外に日本語教師を輩出。日本語教育と日本語教師養成のノウハウの蓄積を生かし、各種教材開発、日本語教師現職者向けの研修、地域の日本語教育支援等幅広く展開している。
URL: https://www.jp-sji.org/jp/

翻訳

株式会社アーバン・コネクションズ（英語）
徐前（中国語）
ベトナムトレーディング株式会社（ベトナム語）

イラスト
Creative0 株式会社

装丁・本文デザイン
株式会社オセロ

外国人のための
ケーススタディで学ぶビジネス日本語　中級

2020 年 9 月 4 日　初版第 1 刷発行
2023 年 5 月 23 日　第 3 刷 発行

著　者　千駄ヶ谷日本語教育研究所
発行者　藤嵜政子
発　行　株式会社スリーエーネットワーク
　　　　〒102-0083　東京都千代田区麹町 3 丁目 4 番
　　　　　　　　　　トラスティ麹町ビル 2 F
　　　　電話　営業　03（5275）2722
　　　　　　　編集　03（5275）2725
　　　　https://www.3anet.co.jp/
印　刷　萩原印刷株式会社

ISBN978-4-88319-853-5　C0081

外国人のための

ケーススタディで学ぶ
ビジネス日本語

中 級

別冊

スリーエーネットワーク

語彙リスト（課順）

<ruby>語彙<rt>ご い</rt></ruby>リスト（<ruby>課順<rt>か じゅん</rt></ruby>）

※アクセントについて

語のアクセントは、音の下がり目を示す形で記載しました。

＼……この部分に下がり目があります。　　例）書く：か＼く　見せる：みせ＼る

￣……この語には下がり目がありません。　例）日本語：にほんご￣

ビジネス場面でよく使う用語

ビジネス	ビ＼ジネス	business	商务	thương mại
場面	ば＼めん	setting	场合	bối cảnh
用語	ようご￣	term	用语	thuật ngữ
企業	き＼ぎょう	corporation	企业	xí nghiệp
役職	やくしょく￣	position	职务	chức vụ phụ trách
部署	ぶ＼しょ	department	部门、工作岗位	bộ phận
社内	しゃ＼ない	internal	公司内部	trong công ty
副～	ふく￣～	deputy~/vice~	副～	phó~
常務	じょ＼うむ	managing director	常务董事	giám đốc điều hành
営業(する)	えいぎょう￣	to do business	营业	kinh doanh
～部	～＼ぶ	~department	～部、～处	phòng~
人事	じ＼んじ	human resources	人事	nhân sự
～課	～か￣	~division	～科	tổ~
ベテラン	ベテラン￣	veteran	老资格	nhân viên kỳ cựu
中堅	ちゅうけん￣	mid-level	骨干	nhân viên trụ cột
新人	しんじん￣	new employee	新员工	người mới
新入社員	しんにゅうしゃ＼いん	new employee	新员工	nhân viên mới
上司	じょ＼うし	superior/boss	上级、上司	cấp trên
部下	ぶ＼か	subordinate	下级、部下	cấp dưới
同僚	どうりょう￣	co-worker	同事	đồng nghiệp
先輩	せんぱい￣	senior	前辈	tiền bối, người đi trước
後輩	こうはい￣	junior	后辈	hậu bối, người đi sau
～者	～＼しゃ	~person	～人	người~
担当(する)	たんとう￣	to take charge of	负责	đảm nhiệm
関係(する)	かんけい￣	to be related to	有关系	liên quan
目上	めうえ￣	superior	长辈、上级	người trên
目下	めした＼	inferior	后辈、下级	người dưới
従業員	じゅうぎょ＼ういん	employee	职工	nhân viên, người làm thuê
社員	しゃ＼いん	employee	员工	nhân viên công ty

本社	ほ＼んしゃ	main office	总公司	tổng công ty
支社	し＼しゃ	branch office	分公司	chi nhánh
支店	してん￣	branch store	分店	cửa hàng chi nhánh
～商事	～しょ＼うじ	～trading company	～贸易公司	thương mại～
～商会	～しょ＼うかい	～corporation	～贸易商行	hãng～
～物産	ぶ＼っさん	～productions	～物产公司	sản phẩm～
株式会社	かぶしきが＼いしゃ	joint-stock company	股份公司	công ty cổ phần
社外	しゃ＼がい	external	公司外部	ngoài công ty
取引(する)	とり＼ひき	to make a deal	交易	giao dịch, mua bán
～先	～さき￣	(suffix used to indicate a target, goal or destination)	(交易) 对方、(访问的) 地方、(前往的) 目的地	nơi ~, địa điểm ~
取引先	とりひきさき￣	business affiliate	客户	đối tác, khách hàng
先方	せんぽう￣	the other party	对方	đối tác
他社	た＼しゃ	other company	其他公司	công ty khác
業務	ぎょ＼うむ	business	业务	công việc
スキル	スキ＼ル	skill	技能、技术	kỹ năng
身に付ける	みに￣・つけ＼る	to acquire	掌握	học hỏi
研修(する)	けんしゅう￣	to train	培训、进修	thực tập
チャンス	チャ＼ンス	chance	机会	cơ hội
つかむ	つか＼む	to grab	抓住（商机）	bắt lấy, nắm lấy
成果	せ＼いか	result	成果	thành quả
チームワーク	チームワ＼ーク	teamwork	团队合作	làm việc nhóm
作業(する)	さ＼ぎょう	to work	操作、工作	thao tác
確認(する)	かくにん￣	to confirm	确认	xác nhận
案件	あんけん￣	subject	议案、项目	vấn đề, việc
件	け＼ん	subject	件	vấn đề, việc
～社	～＼しゃ	～company	～公司	công ty ~
商品	しょ＼うひん	product	商品	mặt hàng
打ち合わせ	うちあわせ￣	meeting	碰头会	cuộc họp làm ăn
アポイントメント	アポ＼イントメント	appointment	约客户会面	cuộc hẹn
アポイント	アポ＼イント	appointment (abbreviation of アポイントメント)	约客户会面（アポイントメント的略语）	cuộc hẹn (viết tắt của アポイントメント)
アポ	ア＼ポ	appointment (abbreviation of アポイントメント)	约客户会面（アポイントメント的略语）	cuộc hẹn (viết tắt của アポイントメント)
調整(する)	ちょうせい￣	to adjust	调整	điều chỉnh
日時	に＼ちじ	date and time	日期和时刻	ngày giờ
依頼(する)	いらい￣	to request	委托、请求	nhờ vả

問い合わせ	といあわせ￣	inquiry	问询	liên hệ
問い合わせる	といあわせ＼る	to inquire	问询	hỏi đáp
納入（する）	のうにゅう￣	to pay for, to deliver	缴纳、交（货）	giao hàng
手続き（する）	てつ＼づき	to process	办手续	thủ tục
発送（する）	はっそう￣	to send	发送	xuất hàng
欠品	けっぴん￣	out-of-stock	缺货	thiếu hàng
方針	ほうしん￣	policy	方针	phương châm
販売（する）	はんばい￣	to sell	销售	bán hàng
見積もり	みつもり￣	estimate	估价	báo giá
提案（する）	ていあん￣	to suggest	提议	đề án
新規	し＼んき	new	新建	cái mới
企画（する）	きかく￣	to plan	计划	đề án
案	あ＼ん	plan	方案	ý tưởng
サービス	サ＼ービス	service	服务	dịch vụ
作成（する）	さくせい￣	to create/to make	作成	chế tạo
～書	～しょ￣	(suffix used to indicate a written document)	～单、～书	bảng~,bản~
契約（する）	けいやく￣	to contract	签约	hợp đồng
報告（する）	ほうこく￣	to report	报告	báo cáo
費用	ひ＼よう	cost	费用	lệ phí
経費	け＼いひ	expense	经费	kinh phí
削減（する）	さくげん￣	to reduce	削减	cắt giảm
ミス（する）	ミ＼ス	to make a mistake	差错、失误	gây ra lỗi lầm
トラブル	トラ＼ブル	trouble	纠纷、麻烦	rắc rối
解決（する）	かいけつ￣	to resolve (a problem)	解决	giải quyết
まとめる	まとめる￣	to compile	归纳、整理	tổng hợp
資料	し＼りょう	material	资料	tài liệu
データ	デ＼ータ	data	数据	dữ liệu
アンケート	ア＼ンケート	questionnaire	问卷调查	phiếu đánh giá
人脈	じんみゃく￣	personal connection	人际关系	mối quan hệ
築く	きず＼く	to make (connections)	构筑	xây dựng
広げる	ひろげる￣	to expand	扩大	mở rộng
異動（する）	いどう￣	to transfer (to another department/position/branch)	（工作、职务的）变动、调动	chuyển công tác (đến chi nhánh/ văn phòng khác của công ty)
転勤（する）	てんきん￣	to transfer (to another branch/office)	调换工作地点	chuyển công tác
職場	しょくば￣	work place	工作岗位	nơi làm việc
整える	ととのえ＼る	to arrange	备齐、准备好	chuẩn bị
書類	しょるい￣	document	文件、材料	hồ sơ

はんこ	はんこ＼	personal stamp/seal	印章	con dấu
印鑑	いんか＼ん	personal stamp/seal	印章	con dấu
ファイル	ファ＼イル	file	文件夹	tệp đựng hồ sơ
出退勤	しゅった＼いきん	going into and leaving work	上下班	đi làm/ra về
出社(する)	しゅっしゃ￣	to go to the company/office	上班	đến công ty
出勤(する)	しゅっきん￣	to go to work	出勤、上班	đi làm
退社(する)	たいしゃ￣	to leave the company/office	下班	ra về, kết thúc ngày làm việc
退勤(する)	たいきん￣	to leave work	下班	tan làm
外出(する)	がいしゅつ￣	to go out of the office	外出	ra ngoài
直行(する)	ちょっこう￣	to go straight to a client/customer (without going to the office)	直接去	đi thẳng luôn (đi tới thẳng chỗ khách hàng mà không ghé qua công ty)
直帰(する)	ちょっき￣	to go straight home from a client/customer (without going to the office)	（从～）直接回家	ra về luôn (đi về luôn mà không ghé qua công ty)
マナー	マ＼ナー	manners	礼节	văn hóa, cách ứng xử
礼儀	れいぎ＼	etiquette	礼仪	lễ nghi
ウチ	ウチ￣	(used to refer to the group/organization one belongs to)	内部（指自己所属的组织或团体等）	(tổ chức, đoàn thể mà mình trực thuộc)
ソト	ソ＼ト	(used to refer to a group/organization that one is not a part of)	外部（指不是自己所属的组织或团体等）	(tổ chức, đoàn thể mà mình không trực thuộc)
お辞儀(する)	おじぎ￣	to bow	鞠躬	cúi chào

登場人物

登場人物	とうじょうじ＼んぶつ	character	登场人物	nhân vật

第1課

はじめに

進める	すすめる￣	to progress	推进	tiến hành
表現	ひょうげ＼ん	expression	表现、表达	biểu hiện, diễn đạt
流れ	ながれ＼	flow	次序、流程	dòng chảy
注目(する)	ちゅうもく￣	to pay attention to	注目	chú ý

読解

留学(する)	りゅうがく￣	to study abroad	留学	du học

飲食	いんしょく￣	eating and drinking	饮食	ăn uống
両替（する）	りょうがえ￣	to change money	兑换	đổi tiền
学ぶ	まなぶ￣	to learn/to study	学习	học
曖昧（な）	あいまい￣	ambiguous	暧昧	mơ hồ
断る	ことわ＼る	to refuse	拒绝	từ chối
成り立つ	なりた＼つ	to be concluded	成立	hình thành
期待（する）	きたい￣	to expect	期望	kỳ vọng, mong đợi
沿う	そ＼う	to meet (expectations)	按照、沿着	đáp lại
傾向	けいこう￣	tendency	倾向	khuynh hướng
感情	かんじょう￣	emotion	感情	cảm tình
害する	がいす＼る	to damage/to hurt	伤害	làm tổn thương
表す	あらわ＼す	to indicate	表示	biểu hiện
コミュニケーション	コミュニケ＼ーション	communication	交流、沟通	giao tiếp
例	れ＼い	example	例子	ví dụ
温泉	おんせん￣	hot spring	温泉	suối nước nóng
気遣う	きづか＼う	to worry about/to be concerned about	顾及、担心	lo lắng, quan tâm
受け止める	うけとめ＼る	to receive	接受、理解	tiếp nhận, đón nhận
認める	みとめる￣	to acknowledge	认可	công nhận
穏やか（な）	おだ＼やか	gentle	温和、平稳	điềm đạm, ôn hòa
感想	かんそう￣	impression/one's thought	感想	cảm nghĩ
否定（する）	ひてい￣	to deny	否定	phủ định
尊重（する）	そんちょう￣	to respect/to esteem	尊重	tôn trọng
立場	た＼ちば	position	立场	lập trường
言語	げ＼んご	language	语言	ngôn ngữ
好む	この＼む	to prefer	喜欢	yêu thích
特徴	とくちょう￣	characteristic	特征	đặc trưng
働きかける	はたらきかけ＼る	to work on (a person)	发动	giao việc
挙げる	あげる￣	to mention	举出	đưa ra
もともと	もともと￣	originally	原本	vốn dĩ, vốn là
尊敬（する）	そんけい￣	to respect/to honor	尊敬	tôn kính
命令（する）	めいれい￣	to order	命令	mệnh lệnh
したがって	したがって￣	accordingly	因此	vì vậy, do vậy
行動（する）	こうどう￣	to move/to act	行动	hành động
一方	いっぽ＼う	on the other hand	另一方面	mặt khác
目を通す	め＼を・と＼おす	to look through	过目	đọc lướt qua
疑問文	ぎも＼んぶん	interrogative sentence	疑问句	câu hỏi
心理的（な）	しんりてき￣	psychological	心理上的	tính tâm lí

負担	ふたん￣	burden	负担	sự gánh vác, trách nhiệm
より	より￣	more	更为	hơn
印象	いんしょう￣	impression	印象	ấn tượng
与える	あたえる￣	to make (a good impression)	给予	gây ra
使用(する)	しよう￣	to use	使用	sử dụng
～ら	～＼ら	(suffix used to indicate multiple objects being discussed)	～等（表示复数）	(diễn tả số lượng nhiều)
徐々に	じょ＼じょに	gradually	慢慢地	chậm, từ từ
周囲	しゅ＼うい	surrounding	周围	xung quanh
身に付く	みに￣・つ＼く	to acquire	掌握	học hỏi

読解の表現

事業	じ＼ぎょう	business	事业	công việc kinh doanh
乗り出す	のりだ＼す	to launch	开始进行	bắt đầu, hợp tác
セミナー	セ＼ミナー	seminar	研讨会	hội thảo
知り合う	しりあ＼う	to make an acquaintance	认识	quen biết
意気投合(する)	い＼き・とうごう￣	to get along well with	意气相投	tâm đầu ý hợp
残業(する)	ざんぎょう￣	to work overtime	加班	tăng ca
結局	けっきょく￣	in the end	结果	kết cục
不景気(な)	ふけ＼いき	stagnant	不景气	suy thoái kinh tế
業績	ぎょうせき￣	business achievement	业绩	thành tích
感染(する)	かんせん￣	to be infected	感染	truyền nhiễm
添付(する)	て＼んぷ	to attach	附上	đính kèm
出先	でさき＼	place where one is visiting	外出地点	điểm đến, địa điểm khi ra ngoài
現在	げ＼んざい	today/now	现在	hiện tại
店舗	て＼んぽ	store	店铺	chuỗi cửa hàng
閉鎖(する)	へいさ￣	to close	关闭	dừng, đóng cửa
リニューアル(する)	リニュ＼ーアル	to renew/to undergo renewals	改装	đổi mới
ペース	ペ＼ース	pace	进度	nhịp độ
苦情	くじょう￣	complaint	投诉、意见	than phiền
済ませる	すませ＼る	to finish	办完、处理完	làm cho kết thúc
一人前	いちにんまえ￣	fully-fledged person	称职的人、够格的人	người trưởng thành
情報	じょうほう￣	information	信息	thông tin
取り扱う	とりあつか＼う	to handle	处理、管理	sử dụng, xử lý
幹部	か＼んぶ	executive	干部	trụ cột

会話

話しかける	はなしかけ＼る	to speak (to someone)	搭话	bắt chuyện
人手が足りない	ひとでが￣・たりない￣	to lack manpower	人手不够	không đủ người
調査（する）	ちょ＼うさ	to research	调查	điều tra
入力（する）	にゅうりょく￣	to input	输入	nhập
部分	ぶ＼ぶん	section/part	部分	bộ phận, phần
実は	じつ＼は	actually	实际上	thực ra
先ほど	さきほど￣	earlier	刚才	lúc nãy

会話の表現

交渉（する）	こうしょう￣	to negotiate	交涉	đàm phán
パンフレット	パ＼ンフレット	pamphlet/brochure	小册子	tờ quảng cáo
注文（する）	ちゅうもん￣	to order	订购	đặt hàng
発注（する）	はっちゅう￣	to place an order	订货、下单	đặt mua
片付ける	かたづけ＼る	to clean up	收拾、整理	dọn dẹp

練習しよう1

売り上げ	うりあげ￣	sales	销售额	doanh thu
業者	ぎょ＼うしゃ	dealer	从事该行业者	nhà cung cấp
調子	ちょうし￣	form/condition	情形、状态	tình trạng
印刷（する）	いんさつ￣	to print	打印、复印	in
週末	しゅうまつ￣	weekend	周末	cuối tuần
痛める	いため＼る	to injure	弄疼	làm đau

練習しよう2

集計（する）	しゅうけい￣	to summarize	统计	tổng kết
結果	けっか￣	result	结果	kết quả

ロールプレイ

展示（する）	てんじ￣	to exhibit	展出	trưng bày
寒気がする	さむけ＼が・する￣	to have a chill	发冷	cảm thấy ớn lạnh
早退（する）	そうたい￣	to leave work early	早退	ra về sớm
議事録	ぎじ＼ろく	a record	议事记录	biên bản cuộc họp
対応（する）	たいおう￣	to deal with/to handle	应对、处理	đối ứng, xử lí

第2課

読解

訪問（する）	ほうもん￣	to visit	访问	đến thăm

省略(する)	しょうりゃく￣	to abbreviate	省略	lược bỏ
目的	もくてき￣	aim	目的	mục đích
合わせる	あわせ＼る	to align with	配合	điều chỉnh
重要(な)	じゅうよう￣	important	重要	quan trọng
希望(する)	きぼう￣	to hope	希望	nguyện vọng
一言	ひと＼こと	simple word	一句话	(nói) một lời
当日	とうじつ￣	on the day	当天	ngày hôm ấy
待ち合わせ	まちあわせ￣	meeting/rendezvous	等待、会面	cuộc hẹn
事情	じじょう￣	circumstance	情况	lí do
到着(する)	とうちゃく￣	to arrive	到达	đến nơi
時刻	じ＼こく	time	时间	thời khắc
指示(する)	し＼じ	to instruct	指示	chỉ thị
守る	まも＼る	to keep (a promise)	守（约）	giữ
信用(する)	しんよう￣	to trust	相信	tin tưởng
遅刻(する)	ちこく￣	to be late	迟到	đến muộn
無駄(な)	むだ￣	waste	徒劳、白费	lãng phí
迷惑(する)	め＼いわく	to be inconvenienced	遇到麻烦	làm phiền
常識	じょうしき￣	common sense	常识	thường thức
共通(する)	きょうつう￣	to share in common	共同	chung
不満(な)	ふまん￣	unsatisfactory	不满意	bất mãn
タイム	タ＼イム	time	时间	thời gian
単一的(な)	たんいつてき￣	singular	单一的	mang tính duy nhất, độc nhất
スケジュール	スケ＼ジュール	schedule	日程	lịch trình
重視(する)	じゅ＼うし	to place importance on	重视	chú trọng
一つ一つ	ひとつひと＼つ	one by one	一一、逐个	từng cái một
多元的(な)	たげんてき￣	plural	多元的	mang tính đa dạng
状況	じょうきょう￣	situation	状况	hoàn cảnh, trạng thái
優先(する)	ゆうせん￣	to prioritize	优先	ưu tiên
複数	ふくす＼う	multiple	复数	số nhiều
同時に	どうじに￣	at the same time	同时	đồng thời
つまり	つ＼まり	in other words	总之	tóm lại
きちんと	きち＼んと	accurately	好好地、严格地	đàng hoàng
感じる	かんじる￣	to feel	感到	cảm thấy
中南米	ちゅうな＼んべい	Central and South America	中南美	trung nam mỹ
アラブ	ア＼ラブ	Arab	阿拉伯	ả rập
～諸国	～しょ＼こく	~countries	～各国	các nước~
基本	きほん￣	basic	基本	cơ bản

ルール	ル＼ール	rule	規則	luật lệ
～同士	～ど＼うし	(suffix used to indicate people with whom one has a relationship or something in common)	（表示彼此有相同关系）	(những người có điểm chung)
お互い	おたがい￣	each other	互相	lẫn nhau, cùng nhau
成功（する）	せいこう￣	to succeed	成功	thành công
異なる	ことな＼る	to differ	不一样	khác nhau
出会う	であ＼う	to meet	遇见、见面	gặp gỡ
助ける	たすけ＼る	to help	帮助	giúp đỡ

ケーススタディ

変更（する）	へんこう￣	to change	变更	thay đổi

読解の表現

協調性	きょうちょうせい￣	cooperativeness	协调性	tính hợp tác
休暇	きゅうか￣	vacation	休假	nghỉ, kỳ nghỉ
スタッフ	スタ＼ッフ	staff	工作人员	nhân viên
場	ば￣	setting	场合	bối cảnh
議論（する）	ぎ＼ろん	to discuss	议论	nghị luận
一方的（な）	いっぽうてき￣	unilateral	单方面的	phiến diện, đơn phương
本日	ほ＼んじつ	today	本日、今天	hôm nay
当社	と＼うしゃ	our company	本公司	công ty chúng ta
製品	せいひん￣	product	产品	sản phẩm
サーバー	サーバー￣	(Internet) server	（互联网）服务器	máy chủ

会話

申し入れ	もうしいれ￣	proposal	提议、要求	lời đề nghị
話題	わだい￣	topic	话题	chủ đề
弊社	へ＼いしゃ	my/our company (the humble form used to indicate the company to which you belong)	敝公司（用于表示自己所属公司时的谦逊语）	công ty chúng tôi (cách nói khiêm nhường)
カタログ	カタログ￣	catalogue	商品目录	catalog
近々	ちか＼ぢか	soon	最近、不久	thời gian tới
日にち	ひにち￣	date	日期	ngày
御社	お＼んしゃ	your company (the respectful form used to indicate the company of the person one is speaking to)	贵公司（用于表示对方所属公司时的尊敬语）	công ty bạn (cách nói kính ngữ)

会話の表現

提示(する)	ていじ⎺	to present	提示	gợi ý, trích dẫn
創立(する)	そうりつ⎺	to establish	创立	sáng lập
〜周年	〜しゅ＼うねん	~anniversary	〜周年	lễ kỷ niệm ~ năm
開催(する)	かいさい⎺	to hold (an event)	举办	tổ chức
〜ホール	〜ホ＼ール	hall~	〜大厅、〜展厅	hội trường~, sảnh~
出展(する)	しゅってん⎺	to exhibit	展出	trưng bày
送付(する)	そうふ⎺	to send	发送	gửi

ロールプレイ

| 下見(する) | したみ⎺ | to check in advance | 事先进行检查 | kiểm tra sơ bộ |

第3課

テーマ

| 謝罪(する) | しゃざい⎺ | to apologize | 赔礼、道歉 | tạ lỗi |

読解

種類	しゅ＼るい	variety	种类	chủng loại
許す	ゆる＼す	to forgive/to excuse	原谅	tha thứ
免ずる	めんず＼る	to forgive/to excuse	看在〜（的面子上）而允许	miễn
免じる	めんじる⎺	to forgive/to excuse	看在〜（的面子上）而允许	miễn
形式	けいしき⎺	form	形式	hình thức
状態	じょうたい⎺	condition	状态	trạng thái
使い分ける	つかいわけ＼る	to use for different purposes	分开使用	sử dụng đúng cách
直接	ちょくせつ⎺	directly	直接	trực tiếp
間接的(な)	かんせつてき⎺	indirect	间接的	tính gián tiếp
直接的(な)	ちょくせつてき⎺	direct	直接的	tính trực tiếp
親しい	したし＼い	familiar	亲切	thân thiết
正式(な)	せいしき⎺	official	正式	chính thức
ぶつかる	ぶつかる⎺	to bump into	撞到	đâm phải
距離	きょ＼り	distance	距离	cự li
明確(な)	めいかく⎺	clear	明确	rõ ràng,chính xác
クレーム	クレーム⎺	complaint	索赔、不满	than phiền
誠に	まことに⎺	very	实在、非常	thật
操作(する)	そ＼うさ	to operate	操作	thao tác
間違う	まちが＼う	to make a mistake	失误	sai, nhầm

マニュアル	マニュアル￣	manual	便覧、説明書	hướng dẫn sử dụng
元	も＼と	original	原状	ban đầu
戻す	もど＼す	to return	恢复	quay lại
努力(する)	ど＼りょく	to make an effort	努力	nỗ lực
言い訳(する)	いいわけ￣	to make an excuse	辩解	bao biện
正当化(する)	せいとうか￣	to justify	使正当化	chính thức hóa
行為	こ＼うい	act/action	行为	hành vi
自身	じ＼しん	oneself	本人	bản thân
自国	じこく￣	one's home country	本国	nước mình
振り返る	ふりか＼える	to look back on	回顾	nhìn lại

ケーススタディ

始業(する)	しぎょう￣	to start work	开始工作	bắt đầu công việc

読解の表現
<small>どっかい ひょうげん</small>

自伝	じでん￣	autobiography	自传	tự truyện
拝啓	は＼いけい	Dear	敬启	kính gửi
時下	じ＼か	nowadays	时下	ngày nay
平素より	へ＼いそ・よ＼り	usual/regular	一向、平素	từ trước đến nay
格別(な)	かくべつ￣	special	格外	ngoại lệ
引き立てる	ひきたて＼る	to patronize (a business)	关照	ưu ái, đặc ân
新た(な)	あ＼らた	new	新的	mới
適切(な)	てきせつ￣	appropriate	恰当	thích hợp
感情的(な)	かんじょうてき￣	emotional	感情上的	mang tính cảm tình, nhạy cảm
了承(する)	りょうしょう￣	to acknowledge	知道、谅解	thông cảm

会話
<small>かいわ</small>

ホーム	ホ＼ーム	platform	站台	chỗ đợi tàu
信号	しんごう￣	signal	交通信号灯	đèn tín hiệu
余裕	よゆう￣	leeway	充裕	phần dư
気付く	きづ＼く	to notice	发现、发觉	để ý
届く	とど＼く	to be delivered	寄到	gửi đến
合計(する)	ごうけい￣	to total	共计	tổng cộng
金額	きんがく￣	amount of money/price	金额	số tiền
少々	しょ＼うしょう	a little	稍稍	một lát
最新	さいしん￣	latest/newest	最新	mới nhất
至急	しきゅう￣	urgently	火速、尽快	khẩn cấp
破棄(する)	は＼き	to dispose of	废弃	vứt bỏ
今後	こんご￣	from now on	今后	lần sau

会話の表現

| 扱う | あつかう ⌐ | to handle | 处理 | xử lý |
| シュレッダー | シュレ＼ッダー | shredder | 碎纸机 | máy hủy tài liệu giấy |

練習しよう1

指摘（する）	してき ⌐	to point out	指出	chỉ trích
プレゼン	プレゼン ⌐	presentation	演示、演讲	buổi thuyết trình
プロジェクター	プロジェ＼クター	projector	投影机、幻灯	máy chiếu
中断（する）	ちゅうだん ⌐	to be interrupted	中断	tạm dừng
見苦しい	みぐるし＼い	unsightly/disgraceful	难看	khó nhìn
配布（する）	はいふ ⌐	to distribute	分发	phân phát
誤字	ご＼じ	misprint	错字	chữ in nhầm
終業（する）	しゅうぎょう ⌐	to finish work	工作结束、下班	kết thúc công việc

練習しよう2

| デスク | デ＼スク | desk | 办公桌 | bàn |

ロールプレイ

たつ	た＼つ	(time) passes	（时间）过去、流逝	trải qua, trôi qua (thời gian, giai đoạn)
納品（する）	のうひん ⌐	to deliver (a finish product)	交货	giao hàng
不良品	ふりょうひん ⌐	defective product	次品	hàng lỗi

第4課

テーマ

| 感謝（する） | か＼んしゃ | to thank | 感谢 | cảm ơn |

はじめに

| 特徴的（な） | とくちょうてき ⌐ | characteristic | 有特色的 | tính đặc trưng |

読解

気持ちよい	きもちよ＼い	in good spirits	心情舒畅	cảm giác thoải mái
時間を割く	じかんを ⌐・さ＼く	to take time	匀出时间	dành thời gian
述べる	のべ＼る	to state	讲、陈述	nói, bày tỏ
終える	おえる ⌐	to finish	结束	kết thúc
次に	つぎ＼に	next	接着、下一个	tiếp theo
翌日	よくじつ ⌐	the following day	第二天	ngày hôm sau
先日	せんじつ ⌐	the other day	前几天	ngày hôm trước
重ねる	かさねる ⌐	to do something again	重复	chồng lên

満足（する）	ま＼んぞく	to be satisfied	满足	thỏa mãn
不安（な）	ふあん ̄	anxious	不安、担心	bất an
礼状	れいじょう ̄	letter of gratitude	感谢信	thư cảm ơn
～状	～じょう ̄	letter of~	～信	thiệp~
マイナス	マイナス ̄	negative	消极	điểm trừ, không tốt

読解の表現

起こる	おこ＼る	to occur	发生	xảy ra
得る	え＼る	to gain	得到	thu nhận
コンプライアンス	コンプラ＼イアンス	compliance	遵守法规	tuân thủ
意識（する）	い＼しき	to be aware of	意识	ý thức
気を遣う	きを ̄・つかう ̄	to make consideration for	担心、挂念	giữ ý
入社（する）	にゅうしゃ ̄	to join a company	进公司工作	gia nhập công ty
顧客	こきゃく ̄	patron/customer	顾客	khách hàng
ニーズ	ニ＼ーズ	needs	需求	nhu cầu
把握（する）	はあく ̄	to be aware of/to understand	掌握	lĩnh hội

会話

謝辞	しゃ＼じ	acknowledgement	谢辞	lời cảm ơn
講師	こ＼うし	lecturer	讲师	giảng viên
引き受ける	ひきうけ＼る	to take on	接受、答应	đảm nhận
貴重（な）	きちょう ̄	valuable	贵重	quý trọng
控室	ひかえ＼しつ	waiting room	等候室	phòng chờ
後日	ご＼じつ	at a later date	日后、以后	ngày hôm sau
来社（する）	らいしゃ ̄	to visit a company	来公司	đến công ty

会話の表現

アナウンス（する）	アナウ＼ンス	to announce	广播	thông báo
発表（する）	はっぴょう ̄	to announce	发表、公布	phát biểu

練習しよう1

開発（する）	かいはつ ̄	to develop	研发	phát triển
協力（する）	きょうりょく ̄	to cooperate with	协作、配合	hiệp lực
例の～	れ＼いの～	that~	那（件事）	~trước đó

練習しよう2

参加（する）	さんか ̄	to take part in	参加	tham gia
訪れる	おとずれ＼る	to visit	拜访	đến thăm

ロールプレイ

今回	こ＼んかい	this time	这次	lần này
誘う	さそう￣	to invite	劝诱	rủ rê
おごる	おごる￣	to treat	请客	chiêu đãi
(～の) 分	(～の)ぶ＼ん	part/amount (of~)	(～的) 部分	phần (của~)

第5課

テーマ

自己紹介 (する)	じこしょ＼うかい	to introduce oneself	自我介绍	giới thiệu bản thân
他者紹介	たしゃしょ＼うかい	introducing another person	介绍他人	giới thiệu người khác

はじめに

順番	じゅんばん￣	order	顺序	thứ tự

読解

翌年	よくとし￣	the following year	第二年	năm sau
年度	ね＼んど	fiscal year	年度	niên độ
時期	じ＼き	season	时期	thời kì
すなわち	すな＼わち	in other words	也就是说	nghĩa là
知り合い	しりあい￣	an acquaintance	熟人、朋友	quen biết
増やす	ふや＼す	to increase	增加	làm tăng
ビジネスパーソン	ビジネスパ＼ーソン	business person	商务人员	doanh nhân
逃す	のが＼す	to miss	错过	để tuột mất
積極的 (な)	せっきょくてき￣	active	积极的	tính tích cực
つながる	つながる￣	to connect to	关系到	kết nối
様々 (な)	さま＼ざま	various	各种各样	đa dạng
手に入れる	て＼に・いれる￣	to obtain	得到	sở hữu, có được
数多い	か＼ずおおい	many	很多	số lượng lớn
アドバイス(する)	ア＼ドバイス	to give advice	建议	lời khuyên
宝	たから＼	treasure	财富	bảo vật
豊か (な)	ゆ＼たか	rich	丰富	phong phú
能力	の＼うりょく	ability	能力	năng lực
初対面	しょた＼いめん	first meeting	第一次见面	lần gặp ban đầu
気まずい	きまずい￣	unpleasant	尴尬	khó xử
雰囲気	ふんい＼き	atmosphere	气氛	bầu không khí
展開 (する)	てんかい￣	to develop/to expand	展开	triển khai
語る	かたる￣	to speak	说、讲	kể lại

気温	きおん￣	temperature	气温	nhiệt độ
日常	にちじょう￣	everyday/normal	日常	thường ngày
現れる	あらわれ＼る	to appear	出现	được xuất hiện
桜	さくら￣	cherry blossom	樱花	hoa anh đào
関心	かんしん￣	concern	关心	quan tâm
天気予報	てんきよ＼ほう	weather report	天气预报	dự báo thời tiết
連日	れんじつ￣	day after day	接连几天	ngày qua ngày
開花(する)	かいか￣	to bloom	开花	khai hoa
予想(する)	よそう￣	to expect	预想	dự đoán
様子	ようす￣	appearance/state	样子	trạng thái
報道(する)	ほうどう￣	to report	报导	đưa tin
杉	すぎ￣	Japanese cedar	杉树	cây thông
花粉	かふん￣	pollen	花粉	phấn hoa
花粉症	かふんしょう￣	hay fever	花粉症	dị ứng phấn hoa
症状	しょうじょ＼う	symptom	症状	triệu chứng
悩ます	なやま＼す	to torment	苦恼	làm khổ
鼻水	はなみず￣	snot	鼻涕	nước mũi
くしゃみ	くしゃ＼み	sneeze	喷嚏	hắt xì
かゆい	かゆ＼い	itchy	痒	ngứa
年が明ける	とし＼が・あける￣	the New Year begins	过年	sang năm mới
量	りょ＼う	volume	量	lượng
提供(する)	ていきょう￣	to provide	提供	cung cấp
日々	ひ＼び	daily	每天	ngày ngày
出身地	しゅっし＼んち	birthplace	出生的地方	nơi sinh
話が弾む	はなし＼が・はずむ	to have a lively conversation	谈得兴致勃勃	cuộc nói chuyện thú vị
増す	ます￣	to increase	增进	làm tăng
避ける	さけ＼る	to avoid	避开	tránh
年齢	ねんれい￣	age	年龄	tuổi
収入	しゅうにゅう￣	income	收入	thu nhập
構成(する)	こうせい￣	to compose	组成、构成	cấu trúc
宗教	しゅ＼うきょう	religion	宗教	tôn giáo
プライベート	プライベ＼ート	private	私人的、个人隐私	riêng tư
区別(する)	く＼べつ	to differentiate	区别	phân biệt
全員	ぜんいん￣	everyone/all members	全体人员	toàn bộ, mọi người
触れる	ふれる￣	to touch upon	触及	đề cập tới
雑談(する)	ざつだん￣	to chat	闲聊	nói chuyện phiếm
成長(する)	せいちょう￣	to grow	成长	trưởng thành
発展(する)	はってん￣	to develop	发展	phát triển

考えてみよう

メリット	メ＼リット	merit	优点、优势	ưu điểm

読解の表現

イベント	イベント￣	event	集会、活动	sự kiện
基本的（な）	きほんてき￣	basic	基本的	tính cơ bản
価値観	かち＼かん	sense of value	价值观	quan điểm sống
多様化（する）	たようか￣	to diversify	多样化	đa dạng hóa
ヒット（する）	ヒ＼ット	to be a hit	畅销	(sản phẩm) bán chạy
生み出す	うみだ＼す	to produce	创造出	phát minh ra
主催（する）	しゅさい￣	to host	主办	tổ chức
品質	ひんしつ￣	quality	质量	chất lượng sản phẩm

会話

梅雨明け（する）	つゆあけ￣	the rainy season ends	出梅、梅雨季节已过	cuối mùa mưa

会話の表現

所属（する）	しょぞく￣	to belong to	所属	trực thuộc
利き手	ききて￣	dominant hand	好使的那只手	tay thuận
左利き	ひだりきき￣	left-handed	左撇子	thuận tay trái
同級生	どうきゅ＼うせい	classmate	同班同学	bạn học

練習しよう1

主任	しゅにん￣	manager	主任	chủ nhiệm
満開	まんかい￣	full bloom	盛开	nở rộ
最寄り駅	もより＼えき	closest station	最近的车站	ga gần nhất

練習しよう2

連休	れんきゅう￣	consecutive holiday	连休	ngày nghỉ liên tiếp

第6課

読解

形式的（な）	けいしきてき￣	formal	形式上的	tính hình thức
集中（する）	しゅうちゅう￣	to concentrate on	集中	tập trung
効率	こうりつ￣	efficiency	效率	hiệu suất
無駄遣い（する）	むだづ＼かい	to waste (time)	浪费	lãng phí
全体	ぜんたい￣	the whole	全体、整个	toàn thể
評価（する）	ひょ＼うか	to evaluate	评价	đánh giá
握手（する）	あ＼くしゅ	to shake hands	握手	bắt tay

後者	こ＼うしゃ	the latter	后者	về sau, cái sau
育つ	そだ＼つ	to be raised/to grow	成长	nuôi dưỡng
さらに	さ＼らに	furthermore	更加	hơn nữa
タイミング	タイミング￣	timing	时机	thời điểm
動作	ど＼うさ	action	动作	động tác
事細か（な）	ことこま＼か	minutely	细致入微	chi tiết
指導（する）	しどう￣	to coach	指导	chỉ đạo
背筋	せ＼すじ	one's back	背部	cột sống
伸ばす	のば＼す	to straighten	挺直	kéo dài
姿勢	しせい￣	posture	姿势	tư thế
腰	こし￣	waist	腰	hông
曲げる	まげる￣	to bend	弯曲	bẻ, uốn
脇	わき＼	side	身体的两侧	bên
重ね合わせる	かさねあわせ＼る	to overlap	（双手）交叉放在一起	chồng lên nhau (2 tay chồng lên nhau)
視線	しせん￣	line of sight	视线	ánh nhìn
外す	はずす￣	to remove	移开	bỏ, buông
再度	さ＼いど	once again	再次	một lần nữa
会釈（する）	え＼しゃく	to bow slightly	点头致意	cúi chào
それぞれ	それ＼ぞれ	each	分别	từng cái
角度	か＼くど	angle	角度	góc độ
敬意	け＼いい	respect	敬意	sự tôn kính
見かける	みかける￣	to happen to see	看到、见到	bắt gặp
差し出す	さしだ＼す	to hold out	伸出	đưa ra
握る	にぎる￣	to clasp	握	nắm
不思議（な）	ふしぎ￣	curious/strange	不可思议	kỳ lạ

ケーススタディ

実際に	じっさいに￣	actually	实际上	thực tế

読解の表現
(どっかい ひょうげん)

乗り切る	のりき＼る	to get through	度过、闯过	vượt qua
徹底的（な）	てっていてき￣	thorough	彻底的	tính triệt để
接待（する）	せ＼ったい	to entertain	接待	tiếp khách
セッティング（する）	セッティング￣	to set up	安排	sắp đặt, bố trí
プランニング（する）	プラ＼ンニング	to plan	制定计划	lên kế hoạch
お中元	おちゅうげん￣	a mid-year gift (a summertime gift given to a person who took care of you)	中元礼品（给关照过自己的人寄送的夏日礼品）	(quà gửi đến người mình biết ơn vào mùa hè)

お歳暮	おせいぼ⌐	a year-end gift (a wintertime gift given to a person who took care of you)	岁暮礼品（给关照过自己的人寄送的冬日礼品）	(quà gửi đến người mình biết ơn vào mùa đông)
追求(する)	ついきゅう⌐	to pursue	追求	tìm kiếm
配慮(する)	は\いりょ	to make considerations	考虑到	quan tâm, chăm sóc
求める	もとめ\る	to wish for	需求	yêu cầu, tìm kiếm
大金	たいきん⌐	a large amount of money	巨款、大钱	số tiền lớn
賞与	しょ\うよ	bonus	奖金	tiền thưởng
社屋	しゃ\おく	office building	公司的办公大楼	tòa nhà công ty

ロールプレイ

業界	ぎょうかい⌐	business/industry	从事同一产业的行业界	giới kinh doanh
忘年会	ぼうね\んかい	end-of-year party	忘年会、年终聚餐	tiệc tất niên

第7課

どっかい
読解

あるいは	ある\いは	or else	或者	hoặc
本人	ほ\んにん	the person himself/herself	本人	bản thân, đương sự
悩む	なや\む	to be worried	苦恼	buồn phiền
交流(する)	こうりゅう⌐	to interact	交流	giao lưu
勤務(する)	き\んむ	to work	工作、上班	làm việc
縮まる	ちぢまる⌐	to shorten	缩短	thu hẹp
意志	い\し	will/intention	意志	ý chí
示す	しめ\す	to show	表示	biểu thị, cho thấy
可能性	かのうせい⌐	possibility/potential	可能性	tính khả năng
察する	さっする⌐	to guess	体察	cảm thấy
受け入れる	うけいれ\る	to accept	接受、同意	chấp nhận
付け加える	つけくわえ\る	to add	附加	thêm vào, bổ sung
関連(する)	かんれん⌐	to be relevant to	关联	liên quan
割り勘	わりかん⌐	splitting the bill (between people)	AA 制	chia đều
勘定(する)	かんじょ\う	to settle a payment	买单、结帐	thanh toán
略	りゃく\	abbreviation	省略	lược bỏ
代金	だ\いきん	cost	货款、价款	chi phí
割る	わる⌐	to split	平摊	chia

支払う	しはら＼う	to pay	付钱	thanh toán
全額	ぜんがく￣	full price	全额	tổng số tiền
多めに	おおめに￣	more	略多些	nhiều
申し出る	もうしで＼る	to offer	提出、申请	yêu cầu, đề nghị
方法	ほうほう￣	method	方法	phương pháp
共に	ともに￣	together	一起	cùng nhau
接する	せっする￣	to come into contact with	接触	tiếp xúc
踏み込む	ふみこ＼む	to step into	跨进	tìm hiểu sâu một lĩnh vực
表面的（な）	ひょうめんてき￣	superficial	表面上的	bề ngoài
実質的（な）	じっしつてき￣	practical	实质上的	thực chất
柔軟（な）	じゅうなん￣	flexible	柔软	mềm dẻo
異文化	いぶ＼んか	different culture	异文化、不同文化	nền văn hoá khác nhau
捉える	とらえ＼る	to seize	抓住	nắm được

読解の表現

事前	じぜん￣	in advance	事先	trước
プロジェクト	プロ＼ジェクト	project	项目	dự án
体験（する）	たいけん￣	to experience	体验	trải nghiệm
キャンペーン	キャンペ＼ーン	campaign	宣传活动	cuộc khuyến mại lớn
回避（する）	か＼いひ	to evade	避免	tránh
人材	じんざい￣	human resource	人才	nhân tài
育成（する）	いくせい￣	to develop/to train	培养	nuôi dưỡng
不振	ふしん￣	stagnation	不佳	không tốt
廃業（する）	はいぎょう￣	to close a business	停业	đóng cửa
給料	きゅ＼うりょう	salary	工资	lương
アウトソーシング（する）	アウトソ＼ーシング	to outsource	外包、对外委托	thuê ngoài
所得	しょとく￣	income	所得	thu nhập
税率	ぜいりつ￣	tax rate	税率	thuế suất

会話

花火	は＼なび	firework	焰火	pháo hoa
～大会	～た＼いかい	~tournament/display/event	～大会	đại hội~
規模	き＼ぼ	scale	规模	quy mô
プロ野球	プロや＼きゅう	pro baseball	职业棒球	bóng chày chuyên nghiệp
あいにく	あいにく￣	unfortunately	不凑巧	thật không may

友人	ゆうじん￣	friend	朋友	bạn bè
結婚式	けっこ＼んしき	wedding ceremony	婚礼	lễ cưới
せっかく	せっかく￣	generous/precious	特意	cất công

会話の表現

バーベキュー	バーベ＼キュー	BBQ	烧烤	tiệc BBQ

練習しよう2

アーティスト	ア＼ーティスト	artist	艺术家	nghệ sĩ
チーム	チ＼ーム	team	团队	đội, nhóm

ロールプレイ

盆踊り	ぼんお＼どり	Obon dance	盂兰盆会舞	điệu nhảy lễ obon
打ち上げ	うちあげ￣	end-of-project party	（一项工作结束时举办的）宴会	ăn mừng
面識がある	めんしきが￣・あ＼る	to be personally acquainted with	见过	hiểu biết
体力	た＼いりょく	strength/physical strength	体力	thể lực

第8課

読解

全て	す＼べて	everything/all	全部	tất cả
伝わる	つたわる￣	to be conveyed	传达	được truyền bá
影響（する）	えいきょう￣	to affect	影响	ảnh hưởng
損害	そんがい￣	damage	损害	tổn thất
含む	ふく＼む	to include	包含	bao gồm
立ち上がる	たちあがる￣	to stand up	站起来	đứng dậy
メモを取る	メ＼モを・と＼る	to make notes	记笔记	ghi chú
勘違い（する）	かんち＼がい	to misunderstand	误会、错认为	hiểu lầm
主題	しゅだい￣	theme	主题	chủ đề
期限	き＼げん	deadline	期限	thời hạn
出来事	でき＼ごと	event	事件、变故	việc đã xảy ra
人物	じ＼んぶつ	person	人物	nhân vật
～策	～＼さく	~plan	～方法	biện pháp~
コスト	コ＼スト	cost	成本	chi phí
加える	くわえる￣	to add	加上	thêm vào
復唱（する）	ふくしょう￣	to repeat	复述	lặp lại
既に	す＼でに	already	已经	đã

抱える	かかえる⎯	to have/to be burdened by	担负	vướng mắc
順位	じゅ＼んい	order/ranking	名次	thứ hạng
ところで	ところ＼で	by the way	可是（用于转换话题时）	(từ nối để chuyển chủ đề)
当然	とうぜん⎯	naturally/of course	当然	đương nhiên
主体性	しゅたいせい⎯	independence	独立性、自主性	tính chủ thể
要素	よ＼うそ	factor	要素	yếu tố
単に	た＼んに	simply	只、仅仅	đơn thuần
自ら	み＼ずから	oneself	自己	đích thân

読解の表現

会食（する）	かいしょく⎯	to eat together	聚餐	hội họp ăn uống
恥をかく	はじ＼を・か＼く	to embarrass oneself	丢脸	cảm thấy xấu hổ, mất mặt
進行（する）	しんこう⎯	to advance	进行、发展	tiến triển
年功序列	ねんこう⎯・じょれつ	seniority system	论资排辈（的制度）	chế độ thâm niên
賃金	ち＼んぎん	salary	工资	tiền lương
改良（する）	かいりょう⎯	to improve	改良	cải tiến
聞き手	ききて⎯	listener	听者	người nghe
抽選（する）	ちゅうせん⎯	to hold a lottery	抽选	rút thăm
グローバル化（する）	グローバルか⎯	to globalize	全球化	toàn cầu hóa
レンタル（する）	レ＼ンタル	to rent	租赁	mượn
法人	ほうじん⎯	corporate body	法人	pháp nhân

会話

用紙	ようし⎯	paper sheet	用纸	mẫu giấy
保存（する）	ほぞん⎯	to save	保存	lưu trữ
仕上げる	しあげ＼る	to complete	做完、完成	hoàn thành
同様（な）	どうよう⎯	similar	同样	giống với

会話の表現

不確か（な）	ふた＼しか	uncertain	不确切	không chính xác
〜脚	〜きゃく＊ ＊数によってアクセント核が変わる。	(counter suffix used for chairs)	〜把（数椅子的量词）	(dùng đếm ghế)

練習しよう1

念のため	ねんのため⎯	just in case	为了慎重起见	để chắc chắn

練習しよう2

ちらし	ちらし⎺	flier	广告单	tờ rơi
抑える	おさえ＼る	to hold down	抑制	kiềm chế
紙質	ししつ⎺	paper quality	纸的质量	chất lượng giấy
条件	じょうけ＼ん	condition	条件	điều kiện
納期	の＼うき	delivery date	交货期	thời điểm giao hàng

ロールプレイ

来客	らいきゃく⎺	visitor	来访的客人	khách đến

はじめに

中心	ちゅうしん⎺	main	中心	xoay quanh

読解

重要性	じゅうようせい⎺	importance	重要性	tính quan trọng
認識（する）	にんしき⎺	to recognize	认识	nhận thức
生かす	いか＼す	to make use of	发挥、活用	tận dụng
相互	そ＼うご	mutual	相互	tương hỗ, qua lại
欠かせない	かかせない⎺	cannot be without	不可或缺	không thể thiếu
こうした	こうした⎺	in this way/like this	这样的	như thế này
ほうれんそう	ほうれ＼んそう	spinach	菠菜	cải bó xôi
経過	けいか⎺	progress	经过、过程	quá trình
指す	さ＼す	to refer to	指	ám chỉ
判断（する）	は＼んだん	to decide	判断	phán đoán
迷う	まよ＼う	to be undecided	犹豫、困惑	lúng túng
スムーズ（な）	スム＼ーズ	smooth	顺利	trôi chảy
意思	い＼し	intention	想法	tâm trạng
防ぐ	ふせ＼ぐ	to prevent	防止	phòng chống
アイデア	ア＼イデア	idea	创意、主意	ý tưởng
出し合う	だしあ＼う	to contribute jointly	一起拿出（主意等）	đóng góp
モチベーション	モチベ＼ーション	motivation	动力、促动因素	động lực
実践（する）	じっせん⎺	to practice	实践	thực tiễn
信頼（する）	しんらい⎺	to trust	信任	tin cậy
日程	にってい⎺	schedule	日程	lịch trình
同席（する）	どうせき⎺	to sit together	同席	tham dự
しかも	しか＼も	furthermore	而且	hơn nữa
反省（する）	はんせい⎺	to reflect (on something)	反省	hối lỗi, kiểm điểm

結論	けつろん ̄	conclusion	结论	kết luận
奪う	うば＼う	to steal	剥夺、占用	cướp đi, lấy đi
つい	つ＼い	just	无意之中	lỡ, vô ý
後回し（する）	あとま＼わし	to put something off	推迟、缓办	hoãn lại
不信感	ふし＼んかん	suspicion	不信任感	sự nghi ngờ
抱く	いだ＼く	to harbor (suspicions)	抱有	ấp ủ
早めに	はやめに ̄	early	加快、提早	nhanh chóng
対策	たいさく ̄	countermeasure	对策	biện pháp
早期	そ＼うき	early	早期	nhanh chóng
態度	た＼いど	attitude	态度	thái độ
段階	だんかい ̄	stage/step	阶段	giai đoạn
中間報告	ちゅうかんほ＼うこく	interim report	中期报告	báo cáo trung tuần
月末	げつまつ ̄	end of the month	月末	cuối tháng
区切りがいい	くぎり＼が・い＼い	a good place (to stop, to break etc.)	好进行划分的（时间段）	thời điểm tốt
最終	さいしゅう ̄	final	最终	cuối cùng
全く～ない	まったく ̄～ない	absolutely no~/ absolutely not do~	完全没有～	hoàn toàn không ~
一員	いちいん ̄	a member	一员	một thành viên
良好（な）	りょうこう ̄	good	良好	tốt đẹp

ケーススタディ

訂正（する）	ていせい ̄	to correct	订正	chỉnh sửa
親睦	しんぼく ̄	friendship	友好、和睦	sự thân thiết
出欠	しゅっけつ ̄	attendance	出席与否	có mặt/ vắng mặt

読解の表現

円滑（な）	えんかつ ̄	smooth	顺利	viên mãn
昇進（する）	しょうしん ̄	to be promoted	晋升	thăng tiến
日ごろ	ひごろ ̄	normally	平时	thường ngày
深める	ふかめ＼る	to deepen	加深	thắt chặt
機材	き＼ざい	equipment	机械材料	máy móc
不具合	ふぐ＼あい	(mechanical) failure	（状况）不好	lỗi, sự bất tiện
行き来（する）	いき＼き	to go back and forth	往返	đi lại
プロバイダー	プロバ＼イダー	provider	服务供应商	nhà cung cấp dịch vụ
～制	～せ＼い	(suffix used to indicate a system)	～制度	chế độ~
定額	ていがく ̄	fixed amount	规定的金额	số tiền cố định
了解（する）	りょうかい ̄	to understand/to agree	了解	hiểu biết, nắm rõ
開示（する）	かいじ ̄	to disclose	公开	công khai
技能	ぎ＼のう	technical skill	技能	kỹ năng

理論	り＼ろん	theory	理论	lí luận
踏まえる	ふまえ＼る	to be based on	以～作为立足点	dựa trên
近道	ちか＼みち	shortcut	近道	đường tắt
ノルマ	ノ＼ルマ	norm/quota	（工作）定额、指标	chỉ tiêu
達成（する）	たっせい￣	to achieve	达到、完成	đạt được
セールス（する）	セ＼ールス	to sell	推销	chào hàng
広告	こうこく￣	advertisement	广告	quảng cáo
宣伝（する）	せんでん￣	to publicize	宣传	tuyên truyền
完璧（な）	かんぺき￣	perfect	完美	hoàn hảo
気が付く	きが￣・つ＼く	to realize	注意到	nhận ra

会話

申し込む	もうしこ＼む	to apply	申请	đăng ký
大まか（な）	おおまか￣	rough/broad (numbers)	大略	đại khái, sơ lược
定員	ていいん￣	fixed number of people	定员、规定的人数	số người quy định
好評（な）	こうひょう￣	favorable	好评	nhận xét tốt
満席	まんせき￣	full house	满座	hết chỗ
引き続き	ひきつづき￣	continuously	继续	tiếp tục
努める	つとめ＼る	to endeavor	努力、尽力	nỗ lực
便	び＼ん	post	（邮件、货物发送的）班次	chuyến
どういう	ど＼ういう	what/how	怎样的	như thế nào
ケーブル	ケーブル￣	cable	缆绳、电缆	cáp
不備	ふ＼び	defect	不完备、不齐全	không hoàn chỉnh
以後	い＼ご	from now and onwards	以后	trở về sau

会話の表現

予算	よさん￣	budget	预算	dự toán

練習しよう1

アクセス（する）	ア＼クセス	to access	访问	đăng nhập
確定（する）	かくてい￣	to settle	确定	quyết định
見込み	みこみ￣	expectation	估计	dự kiến
反応（する）	はんのう￣	to respond	反应	phản ứng
下回る	したまわ＼る	to fall below	低于	giảm xuống
遅延（する）	ちえん￣	to delay	延迟	trì hoãn

ロールプレイ

責任	せきにん￣	responsibility	责任	trách nhiệm
広報	こ＼うほう	public relations	宣传	đối ngoại

制作(する)	せいさく￢	to create	制作	chế tạo

第10課

<ruby>読解<rt>どっかい</rt></ruby>

むっとする	むっとする￢	to be offended	发火、生气	bực mình
ショック	ショ＼ック	shock	打击	sốc
嫌う	きらう￢	to hate	厌恶	ghét
そこで	そこで￢	so/therefore	于是、所以	do đó
恩を売る	お＼んを・うる￢	to demand gratitude	卖人情	làm phúc, ban ơn (mong được trả ơn)
ふさわしい	ふさわし＼い	suitable	相符	thích hợp
同等(な)	どうとう￢	equal	同等	tương đương
伴う	ともな＼う	to accompany	伴随	kéo theo
謙譲語	けんじょうご￢	the humble form	谦逊语	khiêm nhường ngữ
不適切(な)	ふて＼きせつ	inappropriate	不恰当	không thích hợp
恩恵	おんけい￢	benefit	恩惠	ân huệ
権限	けんげ＼ん	authority	权限	quyền hạn
限る	かぎ＼る	to limit	限于	chỉ
学習(する)	がくしゅう￢	to study/to learn	学习	học tập
出版(する)	しゅっぱん￢	to publish	出版	xuất bản
多様(な)	たよう￢	diverse	多种多样	đa dạng
まねる	まねる￢	to imitate	模仿	bắt chước
次第に	しだいに￢	gradually	逐渐	dần dần
言葉遣い	ことばづ＼かい	wording	措辞	cách dùng từ

<ruby>読解<rt>どっかい</rt></ruby>の<ruby>表現<rt>ひょうげん</rt></ruby>

ゴールデンウイーク	ゴールデンウイ＼ーク	Golden Week	黄金周	tuần lễ vàng
設定(する)	せってい￢	to set	设定	cài đặt
破綻(する)	はたん￢	to collapse	破绽	vỡ nợ
悪化(する)	あっか￢	to worsen	恶化	trở nên xấu đi
画面	が＼めん	screen	画面	màn hình
画像	がぞう￢	picture	图片	hình ảnh
詳細(な)	しょうさい￢	detailed	详细	chi tiết
クールビズ	クールビ＼ズ	cool biz (the practice of dressing in looser clothing during summer)	清凉商务装	quần áo gọn nhẹ, lịch sự
定着(する)	ていちゃく￢	to take hold	固定	trang bị
減少(する)	げんしょう￢	to decrease	减少	giảm

客足	きゃくあし￣	customer traffic	顾客出入情况	lượng khách
好調（な）	こうちょう￣	favorable	情况良好	thuận lợi
鈍る	にぶ＼る	to grow dull	（顾客出入情况）变钝	kém đi
値下げ（する）	ねさげ￣	to lower the price	降价	hạ giá
若者	わかもの￣	young person	年轻人	người trẻ
要望（する）	ようぼう￣	to request	要求	yêu cầu, nguyện vọng
きめ細かい	きめこまか＼い	detailed	细致入微	tỉ mỉ
求人	きゅうじん￣	job vacancy	招聘	tuyển dụng
基本給	きほ＼んきゅう	basic salary	基本工资	lương cơ bản
優遇（する）	ゆうぐう￣	to give preferential treatment	优待	ưu đãi

会話

でき上がる	できあがる￣	to be completed	完成、做好	hoàn thành
一段落（する）	いちだ＼んらく	to reach a stopping point	告一段落	tạm dừng
立て込む	たてこ＼む	to be busy	繁忙	bận rộn
助かる	たすか＼る	to be helped	帮大忙	giúp đỡ

練習しよう1

アプリ	ア＼プリ	app	应用软件、APP	phần mềm
不在	ふざい￣	absence	不在	không có mặt

ロールプレイ

体調	たいちょう￣	physical condition	健康状况	thể trạng
つぶやく	つぶや＼く	to mutter	嘟囔、小声自语	thì thầm

第11課

テーマ

許可（する）	きょ＼か	to permit	许可、批准	cho phép

はじめに

権利	け＼んり	rights	权利	quyền lợi
勝手（な）	かって￣	arbitrary	随意、随心所欲	tự ý

読解

勤続（する）	きんぞく￣	to continue working	连续工作	làm việc liên tục
有給休暇	ゆうきゅうきゅ＼うか	paid vacation	带薪休假	ngày nghỉ có lương
文字通り	もじど＼おり	just as it reads	如字意所表达的那样	giống như chữ

労働(する)	ろうどう￣	to work	劳动、工作	lao động
一人一人	ひとりひと＼り	each person	每个人	từng người một
自分勝手(な)	じぶんか＼って	selfish	自己随意的	theo ý mình
混乱(する)	こんらん￣	to become disordered	混乱	hỗn loạn
母国	ぼ＼こく	home country	祖国	nước mình
親友	しんゆう￣	close friend	好朋友	bạn thân
航空券	こうく＼うけん	plane ticket	机票	vé máy bay
前日	ぜんじつ￣	the day before	前一天	ngày trước
願い出る	ねがいで＼る	to ask for	请求	nộp đơn
事後	じ＼ご	ex post facto	事后	sau khi xong việc
ちゃんと	ちゃんと￣	properly	规矩地	cẩn thận, kỹ càng
しょうがない	しょうがな＼い	it cannot be helped	没办法	không còn cách nào khác
いかにも	いか＼にも	evidently	真的	đúng là, quả thật
表情	ひょうじょ＼う	facial expression	表情	vẻ mặt
届出書	とどけでしょ￣	written notification	申请报告	báo cáo
慌てる	あわてる￣	to panic	惊慌、慌乱	vội vàng, hấp tấp
口々に	くち＼ぐちに	in unison	异口同声	đồng thanh
こういう	こういう￣	this kind of	这样的	như thế này
無難(な)	ぶなん￣	safe/secure	无可非议	an toàn
提出(する)	ていしゅつ￣	to submit	提出	nộp
組織(する)	そ＼しき	to organize	组织	tổ chức
欠席(する)	けっせき￣	to be absent	缺席	vắng mặt
帰社(する)	き＼しゃ	to return to the company/office	回公司	về công ty
通常	つうじょう￣	ordinarily	一般	bình thường
どうしても～ない	どうして＼も～ない	cannot do~ for the life of one	怎么也不～	bằng cách nào cũng ～ không

考えてみよう

| 取得(する) | しゅとく￣ | to take | 取得 | giành được |

ケーススタディ

| 定時 | て＼いじ | fixed hour | 定时 | thời gian quy định |

読解の表現

見ず知らず	み＼ずしらず	unknown	素不相识	chưa từng gặp,chưa từng quen
介護(する)	か＼いご	to nurse	护理	chăm sóc, điều dưỡng
退職(する)	たいしょく￣	to resign	退职	nghỉ việc
設ける	もうけ＼る	to set up	预备	thiết lập

会話

| モニター | モ＼ニター | monitor | 消費者评论员 | người giám sát (đánh giá chất lượng) |

会話の表現

| 宅配便 | たくはいびん￣ | delivery | 送货上门的服务、快递 | chuyển phát |
| 終日 | しゅうじつ￣ | the whole day | 一整天 | cả ngày |

練習しよう1

個別	こべつ￣	individual	个别	riêng biệt
恐縮（する）	きょうしゅく￣	to feel ashamed/to feel sorry	对不起、不好意思	làm phiền, xin lỗi
ホワイトボード	ホワイトボ＼ード	white board	白板	bảng trắng
がたがた（する）	が＼たがた	to be rickety	摇摇晃晃	lập cập

ロールプレイ

商品見本市	しょうひんみほ＼んいち	trade fair	（看样订货）商品展销会	hội chợ trưng bày
社用車	しゃよ＼うしゃ	company car	公司用车	xe công ty
同行（する）	どうこう￣	to accompany	同行、一起去	đi cùng
区役所	くや＼くしょ	ward office	区政府	ủy ban quận

第12課

テーマ

| 交換（する） | こうかん￣ | to make an exchange | 交换 | hoán đổi |

読解

小規模（な）	しょうき＼ぼ	small scale	小规模	quy mô nhỏ
部門	ぶ＼もん	division	部门	bộ phận
超える	こえる￣	to go beyond	跨	vượt qua
議題	ぎだい￣	agenda	议题	chủ đề họp bàn
突然	とつぜん￣	suddenly	突然	đột nhiên
議長	ぎ＼ちょう	chair person	议长、主持人	chủ tọa cuộc họp
思いつく	おもいつ＼く	to think of	想到	nhớ ra, nảy ra
発言（する）	はつげん￣	to make a remark	发言	phát ngôn
遮る	さえぎ＼る	to interrupt	打断	chặn
甘える	あまえる￣	to take advantage of	安于	thỏa mãn
受け身	うけみ＼	passive/defensive	被动	bị động
過去	か＼こ	the past	过去	quá khứ

耳を傾ける	みみ＼を・かたむけ＼る	to listen to	倾听	lắng nghe
根拠	こ＼んきょ	foundation	根据、依据	căn cứ
適する	てきす＼る	to be suitable for	适合于	thích hợp
考えつく	かんがえつ＼く	to think of	想到	suy nghĩ ra
レベル	レ＼ベル	level	水平	cấp độ
まとまる	まとまる―	to be summarized	归纳	thống nhất
無関心（な）	むか＼んしん	indifferent	不感兴趣	vô tâm, hờ hững
前向き（な）	まえむき―	forward-thinking	朝前看	cầu tiến, tích cực
不勉強（な）	ふべ＼んきょう	insufficiently studied	用功不够	lười học
謙虚（な）	け＼んきょ	modest	谦虚	khiêm nhường, khiêm tốn
相手を立てる	あいて＼を・たて＼る	to consider the other party	给对方面子	giữ thể diện
反映（する）	はんえい―	to reflect	反映	phản ánh
傷つける	きずつけ＼る	to hurt	伤害、挫伤	làm tổn thương
冷静（な）	れいせい―	calm	冷静	bình tĩnh
保つ	たも＼つ	to keep (calm)	保持	giữ, bảo quản
押し通す	おしと＼おす	to persist	贯彻、坚持	giữ nguyên
導き出す	みちびきだ＼す	to draw (a conclusion)	得出、导出	đưa ra (dựa trên cơ sở)

ケーススタディ

賛成（する）	さんせい―	to agree with	赞成	tán thành

読解の表現

レタス	レ＼タス	lettuce	生菜、莴苣	xà lách
出荷（する）	しゅっか―	to ship	上市	xuất hàng
大目に見る	おおめに―・み＼る	to overlook	不深究	bỏ qua
インターンシップ	インターンシ＼ップ	internship	实习	thực tập
メモリアルイヤー	メモリアルイ＼ヤー	memorial year	值得纪念的年份	năm tưởng niệm
規約	きやく―	term	规约、章程	quy ước
同意（する）	どうい―	to agree	同意	đồng ý
レジュメ	レジュメ―	résumé	（会议）摘要	tóm tắt
改善（する）	かいぜん―	to improve	改善	cải thiện
原材料	げんざ＼いりょう	raw material	原材料	nguyên vật liệu
高騰（する）	こうとう―	to rise significantly	暴涨	tăng vọt
値上げ（する）	ねあげ―	to raise the price	涨价	tăng giá
補助的（な）	ほじょてき―	auxiliary	辅助性的	mang tính hỗ trợ
やり取り（する）	やり＼とり	to exchange	对话、交谈	trao đổi

会話

議案	ぎあん ̄	agenda	议案	đề án trong hội nghị
効果	こ＼うか	effect	效果	hiệu quả
ほぼ	ほ＼ぼ	almost	几乎	hầu như
対象	たいしょう ̄	target	对象	đối tượng
ためになる	ため＼に・な＼る	to benefit	受益	có ích
別々に	べつべつに ̄	separately	分别	riêng biệt
戦力	せ＼んりょく	man power	作战能力	năng lực chiến đấu
導く	みちび＼く	to guide/to lead	引导	hướng dẫn
確実（な）	かくじつ ̄	certain	确实	chính xác

会話の表現

出店（する）	しゅってん ̄	to open a store	开店	mở của hàng (dùng khi mở của hàng mới)
～棟	～＼とう	(counter suffix used for buildings)	～栋	~nóc nhà (dùng đếm tòa nhà)
さらなる	さ＼らなる	further	进一步	hơn nữa, thêm nữa
給水所	きゅうすいじょ ̄	water station	供水处	nơi cấp nước

練習しよう1

水玉模様	みずたまも＼よう	polka dots	水珠花纹	hoa văn chấm bi
応募（する）	おうぼ ̄	to apply for	报名、应征	ứng tuyển
キャッチコピー	キャッチコ＼ピー	slogan/sales copy	（引人注意的）广告文	khẩu hiệu quảng cáo
挙がる	あがる ̄	to be raised	提出	được đề cử
フレンチ	フレ＼ンチ	French food	法国式的	kiểu pháp
内装	ないそう ̄	interior design	内部装修	nội thất
基調	きちょう ̄	basic tone	基调	thành phần chủ yếu
ナチュラル（な）	ナ＼チュラル	natural	天然、不加修饰	tự nhiên
インテリア	インテ＼リア	interior	室内装潢	nội thất
常連	じょうれん ̄	regular customer	常客	khách hàng thường xuyên
配送（する）	はいそう ̄	to deliver	发送	giao hàng
廃止（する）	はいし ̄	to abolish	废止	hủy bỏ, đình chỉ
高齢	こうれい ̄	elderly	老龄	cao tuổi
高齢化社会	こうれいかしゃ＼かい	aging society	老龄化社会	xã hội già hóa

練習しよう2

スナック菓子	スナックが＼し	snack food	休闲食品	snacks
明太子	めんた＼いこ	cod roe	鳕鱼子	trứng cá cay
マヨネーズ	マヨネ＼ーズ	mayonnaise	蛋黄酱	sốt mayone

ラウンジ	ラ＼ウンジ	lounge	休息室	sảnh đợi, phòng nghỉ
ボランティア	ボラ＼ンティア	volunteer	志愿者	tình nguyện
身近(な)	みぢか￣	familiar	身边、切身	thân thuộc

ロールプレイ

| 連携(する) | れんけい￣ | to cooperate with | 合作、协作 | liên kết, hợp tác |

第1課 だい か

● **練習しよう1** れんしゅう

❶ ① 見積書の計算が合っているかチェックしていただけないでしょうか。／チェックして
みつもりしょ けいさん あ
いただきたいんですが……。

② 印鑑を押していただけないかと思いまして……。／押していただけないでしょうか。
いんかん お お

③ コピー機の調子が悪いので、見に来ていただけないでしょうか。／見に来ていただき
き ちょうし
たいんですが……。／見に来ていただけませんか。

❷ ① かしこまりました。　② 承知（いた）しました。
しょうち

❸ ① 申し訳ございませんが、これからお客様がいらっしゃるので……。／実はこれからお
もう わけ きゃくさま じっ
客様がいらっしゃるんです。申し訳ございません。
きゃくさま もう わけ

② 申し訳ありませんが、午後は外出でして……。／実は午後は外出でして……。すみま
もう わけ ご ご じつ
せん。

③ 申し訳ありませんが、週末、肩を痛めてしまいまして……。／実は週末、肩を痛めて
もう わけ しゅうまつ かた いた じつ しゅうまつ かた いた
しまいまして……。申し訳ありません。
もう わけ

● **練習しよう2** れんしゅう

① [1] 今、ちょっとよろしいでしょうか。

[2] 明日の打ち合わせに見積書を持ってきていただけるとありがたいのですが……。／
う あ みつもりしょ
持ってきていただけないかと思いまして……。

② [1] 今、ちょっとよろしいでしょうか。

[2] 前回の会議の資料にちょっと分からないところがあるので、教えていただけないかと
ぜんかい かいぎ しりょう
思いまして……。／教えていただけないでしょうか。

第2課 だい か

● **練習しよう1** れんしゅう

❶ ① 秋に新製品を発売することになりまして、一度ご説明に伺いたいんですが……。
しんせいひん せつめい うかが

② 来月より担当を変更させていただくことになりまして、新しい担当者とご挨拶に伺い
たんとう へんこう たんとうしゃ あいさつ うかが
たいんですが……。

③ 先週ご依頼いただいた見積書の件なんですが、説明のお時間をいただけないでしょう
いらい みつもりしょ けん せつめい
か。

❷① 今週の金曜日はご都合いかがでしょうか。

② 15日月曜日の午後2時はいかがでしょうか。

③ 来週の打ち合わせについてなんですが、場所はいかがいたしましょうか。／どちらで
お会いしましょうか。

❸① では、木曜日の10時、御社の受付でお会いするということでよろしくお願いいたし
ます。

② では、あさって金曜日の午後3時、駅前のコーヒーショップでお会いするということ
でよろしくお願いいたします。

● 練習しよう2

①[1] 新しい企画の件でお時間をいただきたいのですが、明日の午前10時からはご都合い
かがでしょうか。

[2] では、明日の午前10時に御社にお伺いしますので、よろしくお願いいたします。

第3課

● 練習しよう1

❶（1）① この度はご迷惑をおかけして、大変申し訳ございませんでした。

② データを削除してしまいまして、大変申し訳ございません。

（2）① 先輩、お待たせして、申し訳ありません。

② お見苦しい点がありまして、申し訳ありませんでした。

（3）①（大変）失礼いたしました。／（大変）失礼しました。

②（大変）失礼いたしました。／（大変）失礼しました。

❷①[1]（大変）申し訳ありませんでした。

[2] 期日までに仕事を終わらせるようにいたします。

②[1] 課長、ご迷惑をおかけし、（大変）申し訳ございませんでした。

[2] このようなことがないよう十分気を付けます。

❸① いえいえ。お手数をおかけしますが、よろしくお願いします。

● 練習しよう2

①[1] 申し訳ございません。すぐに確認いたしまして、ご連絡いたします。

[2] 誠に申し訳ございません。

②[1] 先輩、申し訳ありません。会議の資料を自分のデスクに忘れてきてしまいました。す
ぐに取りにいってまいります。

[2] はい、申し訳ございません。次からはこのようなことがないよう気を付けます。

③[1] 大変失礼しました。無事に終わりました。

[2] はい、申し訳ありませんでした。次からはそのようにいたします。

第4課

●練習しよう1

❶① 工場を案内してくださり、ありがとうございます。

② 仕事を教えていただき、ありがとうございます。

❷① いいえ、こちらこそ、いろいろと教えていただき、ありがとうございました。

② いえいえ、こちらこそ、お時間を割いていただき、ありがとうございます。

●練習しよう2

① 本日は、わざわざお越しくださり、ありがとうございました。

②[1] 本日は、お忙しいところお時間を割いていただき、ありがとうございました。

[2] 先日は、お忙しいところお時間を割いていただき、ありがとうございました。

第5課

●やってみよう

（1）山本→タイン　　（2）キム→中村　　（3）吉田→タイン

●練習しよう1

❶①［あなたの所属］の［あなたの名前］と申します。よろしくお願いいたします。

❷①[1] こちらは、うちの部の泉さんです。　[2] こちらは、営業部の高島課長です。

②[1] こちらは、私どもの主任の斉藤でございます。

[2] こちらは、中華物産の徐部長です。

❸① 今週桜が満開らしいですね。　② ご出身はどちらですか。

❹① そうですね。　② 1時間もですか。

●練習しよう2

①[1]［あなたの名前］と申します。こちらこそよろしくお願いいたします。

[2] はい、そうなんです。

[3] ええ、とてもきれいなので、気持ちよく働けますよ。

②[1] こちらは、私どもの課の山田でございます。

[2] こちらは、第一営業部の林部長です。

[3] 連休_{れんきゅう}はどこかに行かれましたか。

[4] 沖縄_{おきなわ}ですか。いいですね。

第6課_{だい か}

●やってみよう

（1）①会釈_{え しゃく}　　（2）②敬礼_{けいれい}　　（3）③最敬礼_{さいけいれい}　　（4）③最敬礼_{さいけいれい}

（5）①会釈_{え しゃく}　　（6）②敬礼_{けいれい}

●練習しよう1_{れんしゅう}

❶①おはようございます。　②お先_{さき}に失礼_{しつれい}します。　③お疲_{つか}れ様_{さま}です。

❷①戸田部長_{と だ ぶ ちょう}、いつもお世話_{せ わ}になっております。

　②本日_{ほんじつ}はありがとうございました。今後_{こんご}ともよろしくお願_{ねが}いいたします。

❸①この度_{たび}、東京支社_{とうきょう し しゃ}に転勤_{てんきん}することになりました。今_{いま}まで、札幌支店_{さっぽろ し てん}では大変_{たいへん}お世話_{せ わ}になりました。東京_{とうきょう}でも頑張_{がん ば}りますので、皆様_{みなさま}もどうかお元気_{げんき}で……。

　②東京本社_{とうきょう}より参_{まい}りました［あなたの名前_{な まえ}］と申_{もう}します。1週間_{しゅうかん}お世話_{せ わ}になります。どうぞよろしくお願_{ねが}いいたします。

第7課_{だい か}

●練習しよう1_{れんしゅう}

❶①週末_{しゅうまつ}、ゴルフに行きませんか。／週末_{しゅうまつ}、ゴルフに行くんですが、もしご都合_{つ ごう}が合_あえばいかがですか。

　②あさって、S社_{しゃ}の試食会_{し しょくかい}に行きませんか。／あさって、S社_{しゃ}の試食会_{し しょくかい}に行くんですが、一緒_{いっしょ}にいかがですか。

❷①いいですね。ぜひご一緒_{いっしょ}させていただきます。／ぜひご一緒_{いっしょ}させてください。

　②いいですね。ぜひご一緒_{いっしょ}させていただきます。／ぜひご一緒_{いっしょ}させてください。

❸①ありがとうございます。ぜひご一緒_{いっしょ}したいんですが、今日_{きょう}はちょっと用事_{よう じ}がありまして……。

●練習しよう2_{れんしゅう}

❶①[1] 都合_{つ ごう}が合_あえば、一緒_{いっしょ}に行きませんか。

　　[2] いいんですか。でもほかに行きたい方_{かた}がいらっしゃるんじゃ……。

　　[3] ぜひご一緒_{いっしょ}させていただきます。

❷①[1] ご都合_{つ ごう}が合_あえば、一緒_{いっしょ}に見_みに行きませんか。

[2] ありがとうございます。行きたいんですが、実はその日、友人の結婚式がありまして。次の機会にぜひご一緒させてください。

第8課
●練習しよう1

❶ ① データはグラフにまとめるということでよろしいでしょうか。

② 人数より多めに印刷するということは、20部でよろしいでしょうか。

❷ ① 会議の報告書はいつまでに作成すればよろしいでしょうか。

② 資料は何部印刷すればよろしいでしょうか。

③ どちらの会議室を予約すればよろしいでしょうか。

④ どのようにいすを並べればよろしいでしょうか。

●練習しよう2

① [1] では、見積もりを取ったときの条件に1,000枚追加して、3,000枚ということでよろしいでしょうか。

[2] ちらしのデータは、どちらにありますでしょうか。

[3] 納期はいつまでとお伝えすればよろしいでしょうか。

[4] 1週間前ということは、9月23日ということでよろしいでしょうか。

[5] 見積もりを取ったときと同じ条件で、ちらし3,000枚を9月23日までに納品ということで発注いたします。

第9課
●練習しよう1

❶ ① 打ち合わせの資料のことですが、先ほど取引先へメールでお送りしました。

② 売り上げデータの修正の件ですが、先ほど終了いたしました。

③ 先週のイベントについてご報告させていただきます。

❷ ① 結論から申し上げますと　　② 大まかに申しますと

❸ ① それが、売り上げが予想を下回っており、厳しい状況なんです。

② 実を申しますと、電車が遅れて1時間も遅刻してしまったんです。

●練習しよう2

① [1] 九州物産からの納品の件ですが……。　　[2] 3日間ほど遅れると連絡がありました。

第10課

●練習しよう1

❶ ① タクシーをお呼びしましょうか。　② ご伝言をお伺いしましょうか。

③ ご説明いたしましょうか。

❷ ① ありがとうございます。お願いいたします。

② ありがとうございます。お願いいたします。

❸ ① ありがとうございます。でも、あと少しで終わりますので……。

② ありがとうございます。でも、またこちらからご連絡いたしますので……。

●練習しよう2

❶ ① [1] 大丈夫ですか。お迎えに参りましょうか。

[2] いいえ。大丈夫ですよ。

② [1] こちらこそ、ありがとうございました。あ、雨ですね。よろしければ、タクシーをお呼びしましょうか。

[2] はい、かしこまりました。少々お待ちください。

❷ ① [1] ありがとうございます。せっかくですが、まだ出展するかどうか、決まっていないので……。

[2] ありがとうございます。そのときはよろしくお願いいたします。

第11課

●練習しよう1

❶ ① [1] 大切なお客様がいらっしゃるので、明日の社内会議を欠席してもよろしいでしょうか。

② [2] 今から荷物を出しに郵便局へ行きたいんですが、席を外してもよろしいでしょうか。

❷ ① どうぞ。　② いいですよ。

❸ ① [1] 申し訳ございませんが　[2] 個別の社内見学はお断りしておりまして……。

② [1] 申し訳ございませんが　[2] この後の会議で使うことになっておりまして……。

●練習しよう2

① [1] ちょっとよろしいでしょうか。

[2] 実は、明日の東西貿易との打ち合わせの時間が早まったんです。

[3] それで、明日の朝、東西貿易に直行したいんですが、よろしいでしょうか。

② [1] お時間よろしいでしょうか。

[2] お取引の件なんですが、井上社長に直接ご相談したいことがございまして……。

[3] できるだけ早く社長にお会いしたいんですが、いかがでしょうか。

第12課

●練習しよう1

❶ ① スマホなどの操作に慣れていない人がいらっしゃいますので、はがきでも受け付けたほうがいいのではないでしょうか。

② 私はA案がいいのではないかと思います。なぜかと申しますと、聞いたときに印象に残ると思いまして……。

❷ ① Aさんのご意見に賛成です。リラックスできる雰囲気になりますし……。

② 私もそう思います。小さいお子さんがいても安心して来店できると思いますので……。

❸ ① 重い荷物を持てない高齢のお客様には大変好評でして、高齢化社会には必要なサービスではないかと思うのですが……。

●練習しよう2

① 私もAさんがおっしゃる通り、プラスチック製のいすのほうがいいと思います。移動させることを考えますと、プラスチック製は軽くて持ち運びが楽ですのでいいと思います。

② Aさんがおっしゃったように、確かに維持費がかかりますが、社員食堂は、栄養バランスの取れた食事を安く取ることができますので、社員への福利厚生としてこれからも必要なのではないでしょうか。

③ 私も地域のボランティア活動に参加するのに賛成です。と申しますのも、ボランティア活動に参加することによって、地域に貢献でき、当社のイメージアップにつながると思うからです。